AF283901

METERSE UN PÁJARO EN LA BOCA
PAU ARENÓS

METERSE UN PÁJARO EN LA BOCA

Sobre lo insólito
en la gastronomía

*Colección
Hojas de col*

PAU ARENÓS

Meterse un pájaro en la boca
de Pau Arenós
Primera edición: octubre de 2024
Colección: Hojas de col, 6

© 2024, de los textos, Pau Arenós
© 2024, Col&Col Ediciones
Corrección ortotipográfica: Mercedes Tabuyo
Editora de la colección: Lakshmi Aguirre
Diseño de la colección: Karakter Studio

ISBN: 978-84-19483-61-4
Depósito legal: MA 2491-2024
THEMA: W WB
Impreso en España
www.colandcol.com

Sobre el autor

Pau Arenós escribe sobre cultura gastronómica desde mediados de los años noventa. Ha llevado a la imprenta diecisiete libros, de los que once son comestibles, entre ellos, *Los genios del fuego* (mejor libro del mundo de chefs del 2000); *La cocina de los valientes* (mejor libro español de historia de la gastronomía 2012), reeditado y ampliado en el 2019; *Los once; ¡Plato!.* y *Nadar con atunes y otras aventuras gastronómicas que no siempre salen bien*. Es editor de la web de gastronomía *Cata Mayor*, que publica *El Periódico de Catalunya* y el grupo Prensa Ibérica. Poseedor de diversos galardones, los gastronómicos son seis, en especial, el Premio Nacional de Gastronomía (2005). También ha publicado novelas, libros de cuentos y centenares de recetas, columnas, entrevistas y reportajes.

ÍNDICE

LO INSÓLITO

Este libro trata de lo insólito, ahogado en lo común y vulgar. La gastronomía naufraga entre los icebergs de los platos sin alma. Cansado de las cartas de recorta y pega, y la pobreza que la clonación de ideas reparte, busco otros caminos, que a veces —muchas veces— son los antiguos.

Discurren por estas páginas platos prohibidos y otros prohibitivos, platos repudiados, platos olvidados, platos confidenciales, platos disidentes, platos marginados, platos con ojos, platos que se arrastran y serpentean, platos clandestinos, platos que la globalización —el mercado, dicen; ah, el mercado— aparta para sustituirlos por comistrajos de pensamiento único, basados en un lugar común que exalta lo blanco, seguro, apocado, neutral, amistoso, apaciguador y negociante.

Comer lo mismo en todas partes, comer lo blando, inocente, amable, simpático. Y no son atributos que me disgusten, la amabilidad y la bondad ante todas las cosas, pero cuando se refieren a la gastronomía derivan hacia la uniformidad y la negación de lo diverso. Incluso cuando nosotros, europeos, nos fijamos en lo asiático, permanecemos en la tranquilizadora superficie de lo adaptado, de lo general, de los cuatro ases, sin preocuparnos por el resto de la baraja. El temor nos acogota. Yo, que soy cobarde, me siento valiente al comer y conectar. Conectar con los predecesores.

Las aves silvestres, la casquería, los mamíferos y los pescados atemorizantes, todo aquello que nos recuerda al ser primitivo, salvaje, a la intemperie o en el desapacible cobijo de la cueva. Como humanos —como humanos occidentales— nos comportamos como nuevos ricos, la nuestra es una humanidad pasada por un blanqueador.

Escribo sobre la anomalía, sobre ingredientes e historias en las que la muerte no es ausencia, sino continuidad. No enterramos el cuerpo, sino que lo transferimos al nuestro. Tampoco se acepta la incineración, sino solo el toque parrillero.

Ciertamente también tienen su momento la bollería industrial, el sándwich de atún y la langosta con huevo frito, pero la presencia entre los demás textos tiene un porqué, un porqué político, un porqué social.

Lejos de la complacencia, hay una mirada crítica, como no puede ser de otra forma, aunque también vacunada contra la solemnidad con (espero) una granizada de humor y descreimiento.

Cuento un mundo a punto de desaparecer, bien por extinción, bien por olvido, bien por nuevos hábitos, bien por cultura, bien por falta de costumbre. Formo parte de ese club de acomodados burgueses que sienten la nostalgia por lo natural y son incapaces de levantarse de madrugada para buscar el sustento con las botas embarradas.

No soy cazador, no soy pescador, solo soy un comensal consciente y curioso que comprende el valor de los cazadores y los pescadores y de lo que procuran, puesto que son los últimos en acceder a un mundo sin domesticar, a la postrera materia prima indómita.

Me interesan las vísceras porque es el reducto de libertad que los animales de granja guardan todavía en su interior, diseñada o manipulada la carcasa por los hombres a lo largo de centurias en busca de carnes baratas y abundantes.

Escribo esto junto a la calefacción, en mi despacho, comprendiendo la hipocresía del acto.

Accedo a los ritos de sangre vestido de domingo.

METERSE UN PÁJARO EN LA BOCA
Hortelano al horno

El anfitrión señaló el primer requisito del ritual: había que cubrirse la cabeza con una servilleta. Podía parecer un *gag* de los Monty Python, pero se trataba de una costumbre tan antigua como indescifrable.

¿Era necesario taparse para ocultar a los compañeros de mesa las maquinaciones bajo la tela o era para reforzar el hecho de que la actividad que se desarrollaba allí era ilegal, y disimular, aunque de forma simbólica, el delito? Porque lo que estaba a punto de ocurrir al otro lado del lino era una actividad prohibida. No el acto en sí, sino la captura, engorde y comercialización de aquel ser que había reunido a cuatro hombres adultos en el reservado de un restaurante de alcurnia.

La actividad se había improvisado durante un encuentro matutino del grupo: tres cocineros y el plumífero que firma esta confesión. No se revelará aquí el nombre de los protagonistas porque fue un asunto privado y cada cual es libre de decidir el contarlo o no. Ni el país ni la ciudad ni el restaurante donde transcurrieron los hechos serán anotados en el texto. La cuestión es que, en aquel desayuno, uno de los chefs propuso comer en su casa ese mismo mediodía. La naturalidad del gesto se amplificó al señalar el plato principal. Dijo al vuelo: *ortolan. Or-to-lan.* Yo ya sabía de qué hablaba, pero nunca lo había probado, a diferencia de los otros, tipos experimentados en la excepción. Hubo pasmo, vítores y esa alegría de cuando la espontaneidad queda superada por el calibre del regalo.

Llegados a este punto, hay que explicar qué es el bicho y el porqué del pacífico disturbio. Los franceses lo conocen como *ortolan* y son también los responsables de la receta canónica, que incluye el abuso.

Cantor y migrador, de cuello amarillo y vientre naranja, responde por aquí al nombre de escribano hortelano (*Emberiza hortulana*). Está protegido en Europa, esa Europa incapaz de cuidar a sus ciudadanos. Hace más de una década de aquella comida aturullante y el invitador dijo, entonces, que tenía congelados los hortelanos en un número abundante y que provenían de Las Landas. Es decir, que existía un tráfico importante de una especie a la que no se podía dar caza desde 1999. Si entonces estaba prohibido, hoy está prohibidísimo, con una legislación ampliada.

El hortelano es desgraciado por su fisiología: de grácil silueta en libertad y obeso a la fuerza en cautividad. Una vez atrapado por los furtivos, lo encierran en una caja y lo atiborran de mijo, y devora —pobrecillo— sin límite, con la peor de las bulimias.

Leer a diferentes autores sobre cómo se hace, o sobre cómo se hacía, el engorde es pasar de la incertidumbre al horror: se habla de cegarlos (ya no, al parecer: no consuela la amnistía ocular) y de meterlos en jaulas de las que se les permite sacar la cabeza para embutirlos de comida bajo una luz permanente. Devoran hasta triplicar o cuadruplicar el peso.

Según escribe el cocinero Alain Ducasse en el *Diccionario del amante de la cocina*, en doce días la víctima está lista. El entusiasmo del francés se acerca al fetichismo. Él y otros aristochefs reclaman una amnistía para achicharrar al pajarillo al menos una vez al año para que la vieja costumbre siga viva.

En el texto *Ortolans en caissette*, publicado en el libro *Carnet de ruta*, el escritor Néstor Luján alargaba los plazos de la sobrealimentación a un mes y envidiaba la suerte glotona: «Comienza entonces para el hortelano una maravillosa y amable existencia tan distinta de los azares de la vida salvaje». Si tal era su deseo, podrían haberse ofrecido a los caníbales. Emborrachado con armagnac, el *ortolan* tiene una muerte de hipertenso.

La cautelosa cita para comer *ortolans* prometía jugos. Era lunes, de modo que el restaurante se encontraba cerrado, aunque algunos miembros de la brigada se dedicaban a trabajos preparatorios para la jornada siguiente. El haber sido convocados en el reservado de un establecimiento sin clientes acentuaba lo extraordinario de la situación. Un encierro dentro de un encierro para devorar a un cautivo. Y dentro del reservado, la servilleta en la cabeza, como una habitación dentro de una habitación. Aquello era una acumulación de secretos.

Una mesa redonda y cuatro adultos a suficiente distancia los unos de los otros para mantener la discreción y facilitar el exterminio de una forma velada. El silencio de la sala y el nerviosismo de la mesa alejaban la experiencia del lugar común. Incapaz de recordar qué bebimos, sí sé con qué empezamos a llenarnos el buche: un puré de patatas cubierto con trufa negra, una combinación infalible con dos productos arrancados del subsuelo, aunque con diferente estatus. ¿Y acaso no estábamos asistiendo a una escenificación de lo oculto? Era enero y el hongo estaba en su esplendor y su luto anticipaba el entierro del hortelano. El plato era coherente con la exclusividad del entorno y el clasicismo que defendía el propietario. Aquel era un restaurante frecuentado por el poder y sus paredes susurraban negocios y acuerdos, y el papel pintado dibujaba euros. El escenario era perfecto para la conspiración.

Aparecieron las grandes servilletas de lino con las que coronarnos. Y los *ortolans*, con los que consagrarnos como villanos. Porque éramos cómplices de una canallada contra un pajarito que, inocente e indefenso, estaba ya ante cada uno de nosotros en su última mutación. Medía unos quince centímetros y el vientre hinchado aparecía repleto de grasa. Había pasado de los 30 gramos de su vida anterior a los 100. Yo había comido tordos desde niño y el ave era la versión deforme de aquellos.

Me tapé la cabeza y procedí según lo indicado. Estaba incómodo con la situación, más interesado por el conocimiento de aquel arte oscuro que por el placer gastronómico. Me metí el bicho entero en la boca con miedo a ahogarme o a hacer el ridículo. O a ambas cosas. O más temor a lo segundo. El hortelano ardía como venganza póstuma y había que ir soplando y chupando el sebo que lo había llevado a la condenación. Huesecillos en la trituradora de la boca. Probablemente no lo sirvieran con pico. Al trato salvaje que se le había dado en vida seguía la profanación ya muerto. ¿Por qué había que taparse? Unos decían que para mantener la privacidad de un comportamiento bárbaro. Otros, para protegerse de la mirada de Dios, disgustado si un mortal se zampaba un ave cantora. ¿Acaso Dios no podía ver a través de una servilleta?

Acabé rápido sin disfrutar demasiado, tragándomelo de cualquier manera, también por la curiosidad de ver las cabezas fantasmales. Poco a poco, los rostros fueron revelándose de nuevo, con las barbillas engrasadas y los dedos brillantes. Solo uno de los comensales, el mayor del grupo, siguió masticando entre ruidos propios de un sorbedor japonés de sopa. ¿Se estaría ahogando entre estertores de placer? Cuando regresó al mundo, le preguntamos por la tardanza, a lo que respondió airado: «No tenéis ni idea. Hay que masticar y chupar cada huesecillo muy lentamente». Dijo «muy lentamente» sabedor de que tardaría tiempo en llevarse otro *ortolan* a la boca.

Nunca más he vuelto a probarlo y puede que lo hiciera una última vez para concentrarme en la cata y saber si el crimen está justificado por el gusto. En justa correspondencia, deberíamos ser picoteados por una familia de hortelanos, que disfrutarían con las grasas que hemos acumulado durante años de gurmets cebones.

EL AVE QUE SE COME, PERO QUE NO EXISTE

Becada guisada y su canapé

En torno a la becada hay tanto misterio que se esconde incluso su consumo público. Invisible en el bosque gracias a la facilidad con la que se mimetiza por medio de un plumaje que parece hojarasca, arbusto o corteza, lo es también sobre los manteles, ya que su venta está prohibida, no así la caza, en una incongruencia que no es capaz de resolver un tribunal de filósofos, ajedrecistas o enigmistas. Está allí, esplendente en su marrón sobre el plato blanco, pero todos hacen como si no la vieran.

La becada (*Scolopax rusticola*) es antojo de gurmets que saben, en temporada, en qué establecimientos encontrarla y cuál es el código secreto para acceder a ella.

Protegida por la ley, se permite, sin embargo, abatirla, aunque una vez en el zurrón el comercio es ilegal. ¿Y cómo funciona el tráfico? Con una ficción, en la que *regalar* es el verbo que abre el portal.

Si le preguntas al cazador dirá con media sonrisa que él las regala y si preguntas al cocinero dirá con la misma ironía torcida: «Me las regalan». Es curiosa tanta generosidad para un guiso o rustido que se vende sobre los 50 euros. Seguro que hay muchos cazadores que las obsequian o que hacen trueques con quien las vaya a preparar, si bien es un negocio en el que el trofeo de pluma se paga entre 12 y 25 euros la unidad, según me explican un par de compradores.

Migratoria, se la captura en tiempos de frío y se destina a unos pocos elegidos. ¿Pondría en riesgo la supervivencia el que fuera adquirida legalmente? Si el afán del legislador es conservacionista, lo que debería negar es la caza, y no es así. Además, se trabaja con cupos, de manera que la limitación está impuesta. ¿Acaso no serían beneficiosas la transparencia, la honestidad y la factura?

En Catalunya solo está permitido el prendimiento de «3 ejemplares por cazador y día» (de octubre a febrero y entre la salida y la puesta del sol), según la normativa, no siendo «una especie cinegética susceptible de ser comercializada». Y de serlo, ¿saldrían masivamente las escopetas y las señalarían con exactitud los perros? ¿Para satisfacer a qué público? Es un ave salvaje, no un pollo de granja. De acuerdo, hay que protegerla y la venta desequilibraría la especie; así, ¿no tendrían que ser los propios becaderos los que se negaran a cobrar por ellas? Pienso en atunes y angulas, con limitaciones y carnets para regular las extracciones.

Hace poco la comí, con remordimiento, preguntándome si debía hacerlo. A lo largo de mi vida he zampado unas cuantas con la expectativa y la reverencia que merece: con arroz, guisada, rustida, a la brasa.

Es característico y llamativo el largo pico, que se sirve partido para poder chupar el cerebro como si fuera un Chupa Chups. Tal vez la clandestinidad forme parte del mito y el susurro, la forma en la que se recibe en la mesa, advertencia, sobre todo, para los no iniciados: «Es una becada. ¡Chisst!». Seguramente en la carta figurará con nombres poéticos o imaginados para despistar a los pardillos: gallina de guinea (es otro bicho: guiño-guiño), ave de invierno, reina del bosque. De interiores muy limpios, porque «excrementa mucho», como cuentan los entendidos, se sirven en un canapé, que es mi bocado preferido. Para ablandarla, necesita una maduración, entre dos (dice un chef) y tres semanas (dice otro). En el pasado, el *faisandage*[1] excesivo hacía que el cuello y el cuerpo se separaran de una forma poco saludable.

En la espesura no existe porque es muy difícil de ver. En el restaurante no existe porque está prohibido el intercambio económico. Solo habita en la mente y el deseo del comensal.

---

[1] Tiempo en el que se somete a reposo a las aves de caza: en el pasado se alcanzaba la putrefacción.

UNA COMETA DE CARNE EN LA PATAGONIA

Cordero magallánico al palo

Ese viaje del que menos he escrito es el que más lejos me ha llevado. Llegar al fin del mundo requirió tiempo e incomodidades. Solo la distancia y las horas invertidas permitían acercarse al concepto difuso de *finis terrae*. Fue el cuerpo molido después de 35 horas de viaje el que certificó el prestigio del destino.

En avión, Barcelona-Madrid-Santiago-Punta Arenas y en un coche con protecciones a lo Mad Max hasta el Hotel Explora, en las Torres del Paine, en la Patagonia chilena. El día y medio invertido, y los cambios horarios, y la concatenación de aeropuertos, y el coche oscilante e incómodo, y el sueño pegajoso y los músculos doloridos y con conciencia de sí mismos demostraron que llegar a uno de los muchos *finisterres* requiere paciencia.

Cuando entré en el hotel, el comienzo del viaje era un recuerdo incierto en la nebulosa del cerebro. El nombre de la provincia lo resumía todo: Última Esperanza.

Hace mucho de aquello y solo lo he evocado cuando en la ventana del ordenador ha aparecido una de esas hermosas fotos promocionales que nos recuerdan que un día fuimos audaces. En la imagen retocada e impecable, un guanaco y la geología rotunda e imperfecta de los Cuernos del Paine y esa tierra de matorrales forjada por un viento que no cesa.

Hubo algunas cumbres gastronómicas, la primera en la ruta 9, que cruza la Patagonia chilena. Al aterrizar en Punta

Arenas, casas de colores y un mar de plomo fundido y la blanca Antártica más adelante y, después, kilómetros y kilómetros por una carretera desértica y averiada que entonces estaba llena de pedruscos que rebotaban como proyectiles, por lo que los vehículos protegían los cristales con enrejados y se apartaban del paso de los coches del otro lado para evitar la pedregada.

Fueron las siguientes horas en una hormigonera las que nos dieron el descabello. Y en aquel camino bombardeado por un clima poco amistoso fue donde comí un bocadillo excepcional. Mediante Google Maps he buscado el punto, una casa en medio de la nada. No lo he encontrado, y el sándwich ya solo reside en mi memoria. En condiciones normales lo hubiera tenido por una vulgaridad de paso, pero en aquel momento me pareció el mejor emparedado de la Tierra. Lo visualizo tostado y con queso derretido, pero podría estar inventando el relleno. Fue un consuelo en un traslado interminable.

Días después, y a los pies del macizo, montamos a caballo para llegar a un quincho donde comer un asado al aire libre. No sé si era necesaria la cabalgadura por lo escarpado del terreno o por una promesa de diversión. Llegué rígido como el hombre de hojalata, más preocupado por no caer del cuadrúpedo que por la excepcionalidad del paisaje.

En el quincho faenaban los gauchos con la indumentaria completa, boleadoras incluidas. Y en una cabaña bajo una chimenea gigantesca e inclinado sobre las brasas, el objeto del deseo: el cordero magallánico al palo.

Los gauchos, que espero que no fueran de *atrezzo*, habían crucificado dos animales, que cocinaban con la lentitud del que mide las horas de otra manera. Impresionaba ver el cordero abierto. Era una cometa de carne que jamás alzaría el vuelo. Cada vez que se clava una de esas cruces de metal comienza un sacrificio pagano. Lo comimos en unas mesas alrededor del fuego, con pisco sour y algún vino recio. El pisco sour colorea la realidad y sé con seguridad que no volvimos a caballo.

En la tercera ronda también hubo bebida alcohólica. Sucedió al final de una excursión a pie de cuatro horas —y las mismas de vuelta— para contemplar los campos de hielo sur, una de las mayores extensiones de agua dulce del planeta.

Subimos a una roca y la vista se congeló con aquella inmensidad que retenía el oxígeno hasta morir de azul.

Alguien arrancó hielo con un instrumento punzante. Repartió vasos de plástico con whisky. Brindamos con los cubitos más puros. El mejor whisky que haya probado nunca.

NOS SENTAMOS UNA Y OTRA VEZ ANTE EL FUEGO

Chuletillas al sarmiento

En mi juventud, las brasas buscaban la carne pequeña. Si acostábamos una parrilla sobre las ascuas, estas abrazaban, con toda probabilidad, chuletas de cordero y butifarras blancas y negras y panceta y alguna chistorra que derramaba sangre y excitaba las llamas con el grasiento goteo.

Pudiera ser que se tratara de una estructura fija de hierro, aunque en chimeneas e improvisadas hogueras lo práctico era uno de esos armazones que sujetan y permiten dar la vuelta al instrumento con el contenido al completo.

Reunirse en torno al fuego permite un diálogo con el pasado, con seres anteriores a nosotros y cuya herencia recorre nuestras células sin que tomemos como relevante ese contenido genético.

Nos sentamos una y otra vez ante el fuego —una y otra vez, una y otra vez— e imitamos el gesto de millones de antecesores, aunque ya no lo hacemos como necesidad, sino como placer. Lo que fue cotidiano es ahora infrecuente, al menos, entre urbanitas.

En el mundo rural, prender la madera es hábito y ese acto que para nosotros promete fiesta y excepcionalidad, para ellos, costumbre y, pudiera ser, monotonía. Nos hemos despegado tanto de quienes fuimos que contemplar el fuego sugiere bálsamo y terapia. Mirar las llamas en un hogar es someterse a una autohipnosis.

Mientras escribo me viene a la cabeza una comida en el restaurante Yalde, en Astigarraga, Guipúzcoa, que ya cerró, donde la especialidad eran las chuletillas al sarmiento. Me llevó Andoni Luis Aduriz, con el que he comido en establecimientos donde la materia prima sale o salía de una cornucopia: Ibai, Portuetxe, Casa Nicolás…

En Astigarraga hay sidrerías en las que se venera la chuleta, pieza importante, pero el texto se refiere al producto que forma parte de lo cotidiano y que, a menudo, es difícil de encontrar en un establecimiento público.

La parrilla presidía el patio, con mesas en un jardín zen a la vasca. Íñigo cocinaba al aire libre, algo común en la zona. En Getaria, los fuegos arden en la vía pública: de esos monumentos a los pescados grandes hablaremos otro día.

Corderos de la sierra de Cameros, en La Rioja, y sarmientos de vides de la D. O., que dan llamas valerosas y brasas insignificantes. En las mesas, las bruñidas piezas con hueso en su punto, con un pequeño cajetín con rescoldos debajo para mantener la temperatura. Ensalada de lechuga y cebolla para dar alivio a las grasas tostadas.

Comimos con las manos: un gesto privado que nos incomoda hacer en público.

Para casa compré una barbacoa negra con tapa a la que le tengo bastante manía. No la entiendo, probablemente porque estoy acostumbrado a las parrillas abiertas y rústicas y con paredes de material refractario, donde es posible acceder a la leña de una forma sencilla y frontal. Mover el carbón en el ahuevado instrumento es incómodo. Nunca he estado satisfecho con lo que meto allí. Las hamburguesas dan el mejor resultado, seguidas por los picantones (más chamuscados de lo que querría). Chistorras y chorizos son una fuente de problemas. Incendian aquello con la velocidad del acelerante. Imagino a un pirómano con una bomba de chorizo en la mano. Eso sí, se cocinan rápido.

Manejar la brasa no es tan sencillo como parece. Conseguir una piel churruscante solo está al alcance de los sabios flamígeros. Incinerar una pieza lo puede hacer cualquiera. Nada más tóxico y desagradable que un pollo pintado al carboncillo. El humo tiene que vestir y no disfrazar. Ya en la mesa, las bandejas con carnes envueltas en fragantes vahos, alterando su naturaleza, con las heridas del fuego a la vista. En el plato, una tostada untada con *allioli* y, encima, la butifarra negra, que se ha abierto un poco, estremecida, liberando su condición cerda.

Comer con las manos y hacerlo sin vergüenza ni remordimiento.

INICIARSE EN COMER ROEDORES

Cuy chactado

Nunca he probado el perro —hacerlo es un tabú que no alcanza a otros animales de compañía— y tal vez en algún restaurante me hayan dado gato por conejo: se rumoreaba con maledicencia de esa metamorfosis en un sitio especializado en brasas al que iba cuando comencé a ganarme la vida. Era mentira, claro, una infamia de la competencia, disgustada por los cientos de clientes que ocupaban aquella masía.

Preparaban unas costillitas de conejo al ajillo tres décadas antes de que ese manjar de huesos pudiera encontrarse en una bandeja de súper. Que vendan las alitas separadas de los pollos es un triunfo del capricho, ampliamente superado por las diminutas costillas de conejo despachadas en cantidades masivas. No creo que exista un corte cárnico más pequeño y con menos chicha. Es un manjar que necesita paciencia y dedos.

Escribo sobre la especie invasora para recordar el terror de un amigo norteamericano cuando, en ese mismo lugar que cito, nos vio atacar un conejo debidamente pasado por el fuego y que conservaba la cabeza y esa dentadura del que sonríe a la muerte.

El horror del hombre era similar al de los primeros misioneros al contemplar unas cabezas jibarizadas e intuir su propio destino disminuido. La cabeza es un trofeo para asustar a los melindrosos. Chuparla es extraer dosis mínimas de placer.

El mamífero lagomorfo da asco a los anglosajones porque lo consideran una mascota, sin tener en cuenta la capacidad destructora. Aunque no seamos hipócritas: los partidarios de su consumo no ayudamos a acabar con la plaga que campa libre, puesto que somos cómodos clientes de las granjas de cunicultura. Hace poco tuve el placer de huronear en un guiso de conejo recién cazado y su carne ofrecía la entereza del que no quiere rendirse.

Acostumbro a comer al dentudo —y lo recomiendo en una cazuela con sepia, tomate y tomillo— y he probado varias veces cuy, que así se conoce en Perú al simpático conejillo de Indias. He escrito *simpático* con la intención de transmitirle confianza al lector antes de anunciarle hechos terribles.

Me inicié con el roedor en un restaurantito de Arequipa, donde lo servían con el intrigante nombre de *cuy chactado*. La técnica es simple y eficaz: lo fríen hasta convertir la piel en cristal con la ayuda de una piedra o una plancha de hierro, que lo aplasta.

Se trata de un sometimiento *post mortem* con un resultado muy rico. Entiendo que la alfombra con uñitas puede ser un espectáculo fatal para las almas sensibles, pero los invito a reflexionar si son las mismas personas que van a Segovia a darse un festín de cochinillo. Acaso ese rechazo solo ocurre con los mamíferos, a los que queremos desfigurados para olvidar al ser original. También preferimos que la cabeza esté lejos del cuerpo. No soportamos la comida con ojos, porque nos mira.

Las mismas razones por las que nos atrae el cochinillo, y esa piel que llena la boca de navajitas, son las que justifican gozar con el cuy o con el conejo. Son animales criados para la alimentación y es difícil establecer con ellos un vínculo social, aunque nos recuerden a ese peludo que alguna vez tuvimos en nuestra infancia y que acabó muriendo en el encierro familiar. ¿Cuántas mascotas han sobrevivido?

¿Cuántos cadáveres de peces, pollitos, hámsteres, conejillos de Indias, tortugas y periquitos tenemos a nuestras espaldas?

Almaceno muchos libros de recetas peruanas, pero no es común en ellos aportar ideas para el cuy. Los editores dudan de que se pueda encontrar ese ingrediente fuera de su ámbito, y tienen razón.

El triunfo del cebiche y su pulcritud y sensualidad han eclipsado platos ancestrales de una despensa de emergencia. Comer roedor va contra esa sociedad de la abundancia y la piedad con la que nos hemos travestido, olvidando, una vez más, que somos omnívoros por necesidad y no por placer.

NO HABRÁ UN 'SUSHI' MÁS FRESCO

Migas de atún

I

El plan de levantarse a las tres y media de la mañana para ir al mercado del pescado de Tokio (cuando aún estaba en Tsukiji y era un destino imantado) perdía entusiasmo y fervor a medida que se acercaba el día del compromiso.

Cuando escuché la propuesta dije «bravo», pero después, con el *jet lag* intoxicando la mente, la pereza se imponía a la aventura. Me metí en la cama con la esperanza de dormirme enseguida, cosa que no sucedió, según la ley de los viajes transcontinentales. Puede que lo consiguiera a las dos. El despertador fue a buscarme, con el implacable pitido en progreso, hasta el fondo de algún sueño. De inmediato llamaron de recepción, lo que agradecí, porque la tentación de seguir bajo las sábanas era mayor que la de ver el mejor espectáculo del mundo acuático.

Desde las alturas del Hotel Imperial, a escasos metros del palacio, Tokio era luces y una bruma que solo estaba dentro de mi cabeza.

Lo recomendable para conocer la salita de estar de Neptuno era llevar botas de agua, algo que no había hecho desde la escuela, cuando deseábamos tormentas para estrenar aquel calzado de horrendo plástico, ideal para meterse en charcos, pero destructivo para los pies, cultivo de hongos.

Las botas eran un ataque a la dignidad, aunque de inmediato demostraron la eficacia. La feria era una carrera de pequeños bólidos cargados con cubetas llenas de agua para conservar con vida la fauna y que iban derramando líquido a su paso. La elegancia era un bien escaso en el entorno húmedo: a cambio podían baldearte las botas varias veces durante el recorrido. Morir atropellado por una motoreta no ennoblecía ningún epitafio. Había estado en otras lonjas de ciudades gigantescas y el olor de la putrefacción indicaba la baja fiabilidad de la oferta. Aquí, pese a lo desvencijado de las instalaciones, el tufo era imperceptible, algo así como un desodorante para tritones.

Tsukiji era el mercado de pescado y marisco más importante del planeta, también el más prestigioso, y la actividad a aquella hora temprana era apabullante. Los únicos sonámbulos y fuera de lugar éramos los extranjeros.

Acercarse a las peceras, a las neveras, a las cajas de porexpan y a las cubetas de colores era contemplar monstruos marinos, almejas gigantes que podían tragarte entero y pescados enigmáticos y evocadores para el espectador ignorante, como era el caso.

Tablas de corte manchadas de sangre, enormes cartelones amarillos, un abigarramiento estresante de zoco, trabajadores con gorros de lana, mandiles y esas botas de faenar a bordo. Sobrábamos en aquel ambiente profesional: éramos parte del centenar de personas autorizadas al día para la visita.

El lugar al que todos los forasteros querían ir era la subasta del atún rojo, que prohibieron a los extraños en los últimos tiempos de Tsukiji antes del traslado a la isla artificial de Toyosu.

No permitían pasar de la puerta, y desde esa distancia había que hacer las fotos a la mortandad masiva. Bestias llegadas de los siete mares, de Japón, por supuesto, aunque también del golfo de México y del Mediterráneo, aguardaban la revisión sobre *pallets*. Con unos ganchos y atentas miradas a la parte trasera, de la que extraían un corte, los empleados examinaban la calidad de los atunes, cubiertos con pegatinas y números como si formaran parte de una escudería.

Se negociaba con el lenguaje incomprensible de los subastadores. En este caso, que fuera en japonés era un inconveniente menor. Escuchabas un parloteo enfadado de una élite que negociaba los precios de un material escaso y preciado.

Ver la extensión de túnidos como si fuera una de aquellas estampas cinegéticas en la que los terratenientes y los dictadores se fotografiaban con cientos de perdices y conejos o decenas de ciervos, corzos y jabalíes obligaba a reflexionar sobre la depredación de la especie. A diario se repetía una transacción de cadáveres de enorme tamaño como esta.

¿Qué tiene el atún rojo para que los comensales se sientan atraídos por su carne cruda? ¿Por qué es el pescado más solicitado por los aficionados al *sushi* si es, a la vez, el más vulgar por su ubicuidad? ¿Tal vez porque recuerda al vacuno con el plus de la salud, si descontamos el mercurio? Recuperada la especie, la voracidad humana lo amenaza de forma continua. ¿Qué es lo que seduce del pez coriáceo? Creo que, como algunos ingredientes, es un símbolo y que lo depredamos porque resulta reconocible y poderoso, una presa a la altura de ese guerrero que alguna vez fuimos o que creímos ser. Es la clase de testosterónico comportamiento que tan bien capturó Ernest Hemingway para satisfacer a los lectores sedentarios. Nos imaginamos en safaris a los que nunca fuimos y en batallas que siempre perderemos.

En el mercado de Tsukiji había un segundo espacio menos frecuentado por los curiosos, pero con un mayor número de participantes: la venta y corte de los atunes congelados. Aquellos torpedos de submarino antiguo pasaban por unas sierras temibles que los partían en dos. Los serruchos mecánicos eran el sueño de los psicópatas. Al caer las dos mitades limpias, se revelaban los interiores pulidos y los dibujos del mármol.

Gracias a la buena maña de quien nos había invitado, llegamos hasta un puesto presidido por un espécimen de *Thunnus thynnus* recién comprado y ya sin cabeza. Al lado, tres cuchillos de diferentes tamaños con los que el especialista iba a atacar la pieza. El cuchillo mayor recordaba a las catanas y de hecho su origen era ese, aunque empleado aquí de una forma más civilizada. Solo se aplicaba a cadáveres. El hombre fue minucioso en la tarea, que le llevó un buen rato, y requirió ayuda hasta conseguir los dos pedazos elípticos. Metió, cortó, sacó, volvió a meter, cambió de armas varias veces. Era una cirugía compleja para evitar dañar un cuerpo muy caro.

Abierto, el color era el de la sangre contenida y compacta, de un rojo de pintura trágica.

El cortador cogió la valva de un molusco y fue rascando la carne entre las espinas. Trabajó con el mismo cuidado que con los tajos. Depositaba aquellas migas acuáticas sobre un papel blanco. Nos las dio a probar. En aquel momento, éramos las personas que comíamos el *sushi* más fresco de la Tierra. Extraordinario, delicado, fundente, profundo, demasiado frío, pero en ese contexto era un comentario injusto. Era invierno en Tokio a la hora en la que aún no se había inaugurado el mundo.

El cofre había sido abierto y nos ofrecía uno de los tesoros. A medida que se avanzaba con la concha, la carne desvelaba un fondo blanco, algún tipo de tejido. También se observaba la parte baja del animal, donde se concentraba la grasa. Fue uno de esos instantes que cristalizan en el cerebro y cuyo recuerdo queda grabado con la consistencia del ámbar. Un bocado irrepetible tomado directamente del animal como si se tratara de algún rito de paso. Escarbar en el interior para capturar pedazos de su ser.

Lo más importante fue la singularidad del bocado y las circunstancias en las que sucedía. Tal vez era una cosa preparada para turistas con buenas referencias, pero ocurrió con una naturalidad demasiado exigente. No sé si a aquello se lo podía considerar plato ni si es una práctica habitual, pero lo recibimos como un regalo. Tsukiji cerró. El *sushi* sigue intacto en el recuerdo.

II

Vi al muerto antes del mediodía. Estaba frío, tenía la piel de plata, pesaba 123 kilos, aunque antes de sacarle los interiores había alcanzado los 191, casi 70 kilos de vísceras, que son muchas.

Había entrado en Andorra en un féretro de porexpan con los papeles en regla, según la observancia del servicio de aduanas. No era nada corriente que un cuerpo de aquellas dimensiones alcanzara las montañas, a 1800 metros de altura.

El cocinero Jordi Grau cortó con el cuchillo japonés la sujeción de la tapa, sacó las bolsas de hielo, apartó los plásticos y salió el proyectil con brillos de acero, el ojo con la mirada ausente, la boca de payaso triste y la cabeza acabada en forma de pico, diseñada para la aerodinámica perfecta.

Hacía frío en la nevera, hacía frío en el exterior y pronto llegarían los primeros esquiadores.

De un recipiente distinto, levantó otra cabeza con la delectación de los patólogos: «Necesito una más: esta pesa unos trece kilos».

Pregunté cómo llevarían el atún hasta el escenario para el despiece y Jordi aseguró que disponía de suficientes brazos.

Era el último día de noviembre y el túnido se había capturado en las piscinas de la empresa Balfegó, frente a

La Ametlla de Mar, donde sus congéneres daban vueltas en impaciente monotonía a la espera del sacrificio. Lo había adquirido el Sport Hotel Hermitage como «descorche de la temporada», en palabras de Jordi, que era el chef ejecutivo.

Lo dejamos en la morgue provisional a la espera del velatorio horas después ante un centenar de invitados.

El Hermitage, y el adyacente Hotel Village, donde se iba a celebrar la ceremonia, están frente a las pistas de Soldeu, a solo diez minutos en coche con la frontera francesa. Imaginé al pesado bicho deslizándose, airoso y veloz, por una pista gracias a la pulida piel y escapando hacia Francia.

La noche cayó sin resbalones y el salón estaba a rebosar aguardando el submarino gris. Jordi circuló con una carretilla y hubo aplausos y la inmortalidad de las cámaras de los teléfonos. Si hubiera habido trompetas, la entrada habría sido gloriosa.

Fueron necesarios doce brazos para alzar la resbaladiza anatomía hasta el altar: pensé otra vez en si podría salir disparado y tumbar, como en los bolos, a algunos invitados.

Además de las extremidades de tres ayudantes, las de Jordi, las de Hideki Matsuhisa, el *doctor en nigiris* del barcelonés Koy Shunka, con restaurante en el Hermitage, el Koy Hermitage, y el experto cortador Essaid Ourmous. Este último, marroquí, con una sierra y dos cuchillos era el encargado del despiece. A la actividad la llaman ronqueo por el sonido de la sierra al rozar la gran espina, aunque ni siquiera es onomatopeya. Según la RAE, ronquear es padecer ronquera.

Mientras Essaid procedía al desmembramiento, dos personas de Balfegó repartían conocimiento: dijeron que son capaces de aprovechar el gigante de una forma integral, a excepción de la piel, aunque estaban en busca de la solución. No creo que puedan destinarla a bolsos o zapatos.

Jordi y Hideki iban trasladando los pedazos rojos, con el tono deslumbrante que da la frescura y que pesaban como la cría de una elefanta, a una mesa contigua: los lomos altos y bajos, las ventrescas, las parpatanas.

Aprovecharon que la espina quedaba al descubierto para rescatar un bocado secreto: las carnes que contienen el entramado, que ya había comido en Tsukiji, en aquella sesión de desguace que no formaba parte de una exhibición, sino de la normalidad. Entonces, como he contado, el cortador llevaba una catana, algo, según me dijo Hideki, que no era habitual por aquí.

Repartieron esas migas impresionantes entre el público y añadieron un corte todavía más íntimo: la médula, de consistencia acuosa y con sugerencia de ostra en la boca.

La cabeza necesitó una cirugía especial por la variedad de fragmentos singulares y de peso pluma respecto del cuerpo general: las orejas, los morrillos, los secretos, las carrilleras y esos ojos como lámparas.

Terminado el proceso y con la escabechina fina en la mesa del forense, se procedió a la cena en formato cóctel, con la segunda cabeza que había visto por la mañana paseada como una ofrenda a un dios aterrador, pintada con salsa *teriyaki* y al horno.

Sugiero a los mafiosos olvidar la cabeza de caballo para las amenazas y dar una oportunidad a la del túnido. Desmenuzada y metida después en un *brioche* era excelente.

Hideki debió de acabar con los brazos muertos o roncos, porque después comenzó a preparar *nigiris* con hipnótica destreza. De nuevo me quedé embobado mirando los giros de muñeca de tenista campeón.

¿ADÓNDE FUERON LAS RANAS?

Ancas con soja, jengibre y ajo

Me aficioné a las ancas de rana por culpa del cocinero Paco Guzmán, que en el restaurante Santa María, en aquel Born de hace décadas, aún con resaca olímpica, las marinaba con soja, jengibre y ajo. Por edad, no me corresponde contar historias de hambre y marismas, de niños a la caza del batracio para despellejarlos y llenar la olla familiar con carnes mínimas y de subsistencia. Mi crcar es otro: conocí al anfibio cómodamente sentado.

En el Santa María, donde crecieron algunos cocineros con fuste, Paco tenía terrarios con reptiles, lagartos y serpientes. Diría que no cuidaba ranas, no estoy seguro, aunque tal vez tras las paredes de cristal hubiera sapos. En cualquier caso, era un ambiente propicio para las ancas. Disfruté mucho con su cocina y con aquellas tapas evolucionadas y pioneras. En Barcelona su nombre ha sido olvidado porque la memoria de los nuevos gurmets es gaseosa. Un postre célebre del Santa María fue el Drácula, la versión del polo, copiado hasta el ridículo.

La ingesta de saltarinas hizo que intentara mi receta y la repetí varias veces hasta que la empresa de congelados de la que me proveía dejó de venderlas. Procedían de granjas del sudeste asiático. De eso hace años y nunca más las he vuelto a cocinar. Sí recuerdo que las mías eran menos sabrosas que las de Paco. Manjar insípido, de carnes finas y que podrían recordar a las del pollo si este supiera nadar. Un marinado potente o un rebozado es el mejor modo de zamparlas. ¿A qué sabe el caracol? Al condimento con el que se realza. El caracol o la rana forman parte de la misma despensa de hambrientos y nihilistas. Rechazamos los alimentos que se arrastran porque los consideramos sucios, de ahí la mala fama del caracol, y no digamos de las serpientes. Las nadadoras también se sirven con arroz y forman parte de los recetarios de albuferas y deltas, pero nunca las he probado de esa manera.

Convengamos que se trata de un bocado con poca aceptación, extraño (aunque fue cotidiano) y que recuerda al ser humano la dieta asquerosa a la que recurrió para evolucionar y convertirse en un ser superior y alimentado de platos preparados en el microondas.

Con un salto de memoria, he escrito una breve lista de ancas que comí, desde una lejana fritura en Diverxo que las incorporaba junto a sardinas, calamares y gambas, hasta las poco recomendables del chino Chen Ji, conocidísimo en Barcelona por sus precios de derribo y el pato frito. Los restaurantes chinos locales las trabajan, aunque en su mayoría no dejan un buen recuerdo.

Las más especiales, por la lejanía y el pretexto, fueron las del Auberge de l'Onde, en Saint-Saphorin, Suiza, donde cada domingo a las siete menos cuarto recibían a Charles Chaplin, que las incluía en un menú invariable junto al pollo al estragón. Me senté con el fallecido fotógrafo Paco Elvira —preparábamos un reportaje sobre los últimos días de Chaplin— y solo recuerdo lo mucho que pagamos por un vino de la zona con tapón de rosca.

En el Delta del Ebro las he pedido varias veces, con la sospecha de que no eran autóctonas, algo que me confirmó mientras escribía este artículo un cocinero de la zona. Supongo que las mantienen como parte de la ficción y del escenario, de la misma manera que los calderos gallegos rebosan de pulpos de Mauritania. Puede que un día de estos un emprendedor decida recuperar las ranas del Delta y establecer allí una granja de ranicultura. Mayores locuras se han hecho: ¿acaso no podemos vender el producto como algo excepcional y atraer a esos comensales a los que no les da reparos una anguila y, no digamos, una lamprea? A mí me parecen más raros los palitos de cangrejo, que se consumen con fe en el nombre.

He huroneado por internet y encuentro muslitos congelados de Vietnam o frescos de Europa, sin especificar país o región. Si mañana viera ancas de rana en una carta las pediría, aunque solo fuera por brincar al pasado feliz de los treinta años.

LA PICARDÍA DE LA ANCHOA
Filetes preparados en casa

En casa somos aficionados a la anchoa grande, carnosa, compacta, probablemente porque cuando era estudiante universitario tuve que conformarme con los hilillos de lata barata y lúgubre, que ahora solo empleo para deshacer en la sartén y formar una salsa con la que realzar unos espaguetis. No es esnobismo, sino practicidad. Me sorprende la diferencia de precios entre la aristocracia y el proletariado, entre la lata con pedigrí y la desconocida. El precio es tan exagerado por arriba como por debajo.

Siempre aprecié sobremanera los aceites de las conservas y alguna vez pensé que prefería lo oleoso a la carne (se me ha pasado el rapto). Un trozo de pan mojado en esa sustancia conservante es milagroso, puesto que en ella se produce la transustanciación. Las propiedades se trasladan de cuerpo y el pescado está sin estar.

Podría haber sido el plato del año de algún cocinero jeta aplaudido por mentecatos: un círculo perfecto de aceite, una diana en el centro de una porcelana titulada *Anchoa esencial*. Y una rebanada de pan tostado para una experiencia mística y con los ojos y la cartera en blanco. Aunque el engaño tal vez exista de otro modo: el precio de la unidad roza los cinco euros en algunos bares pijos (existen: la palabra *bar* lo soporta todo).

Me entusiasman las anchoas, aunque raramente las pido fuera de casa, porque es un producto de almacenamiento más que de creatividad. Los cocineros se limitan a abrir una lata, depositarlas en un plato y bañarlas en aceite.

Excepciones las hay, por supuesto, y algún talentoso las ha convertido en el centro de su proyecto. En general, las presentan como si se tratara de la prima bizca de la Gioconda, con un respeto solo compresible porque es un ingrediente definitivo y que ya poco se puede hacer sin maltratarlo y desnaturalizarlo. Y la verdad es que son aparentes: lenguas marrones y sinuosas y elocuentes sobre lienzos.

Aparecen dos lomitos bajo los focos y los cobran como si fuera un menú modesto de mediodía. En las cartas refuerzan la exclusividad con una numeración oficiosa copiada del caviar pero que no tiene ningún significado. El triple 0 —000— habla de gran tamaño y es uno de esos códigos sobre los que nadie se pronuncia para no pasar por ignorante. Este es un negocio al que le falta claridad: pocos elaboradores explican la procedencia de las capturas. La mayoría calla en un silencio de profundidad.

Ciertamente, el prensado y la maduración requieren tiempo, y sacar la espina y ese *masaje* llamado *sobado*, en manos femeninas, necesita de atención y habilidad. Es una artesanía, lo que cuesta un dinero que precisamente ellas no ingresan. En una conserva *premium* —vaya palabra—, el filete sale a dos euros, y en las tabernas finas se vende por el doble. Lo dicho, mejor tomarlas en casa.

Las dos ligas importantes son la de Santoña y la de L'Escala. Por proximidad, conozco más la segunda. A Cantabria la llevaron los italianos —y las envasadas con mantequilla remiten a ese origen— y las de L'Escala basan su tradición en los griegos de Empúries y en la fábrica de salazones cuya ruina aún se conserva.

En la nevera siempre tengo un bote de anchoas con sal gruesa: el actual pesa 630 gramos (escurrido, 225) y costó once euros. Saco las piezas, las desespino bajo el chorro de agua y elimino la raspa (que se puede utilizar en una fritura) y cualquier resto poco agradable. Tras media hora en agua, las seco, las cubro con aceite de oliva virgen extra y espolvoreo pimienta fresca. Sobre pan crujiente es la forma más segura y confortable de inmersión.

El cambio de boquerón a anchoa es un ejercicio de transformismo de primer orden. Siendo lo mismo, parecen dos productos distintos. El boquerón es una anchoa sin malicia. Ya hace mucho que dejamos atrás el candor.

COCOCHA EN TERRENO RESBALADIZO
Al pilpil

La cococha es un manjar insostenible: cada merluza o bacalao solo aporta una, ¡una!, al disfrute. Para conseguir una ración hay que llevar a cabo una matanza. Similar pensamiento sirve para las aves: dos alitas exigen sacrificar al animal entero. ¿Cuántos millones se despachan al día cubiertas con una salsa de barbacoa?

Es, a propósito, una reflexión demagógica, tramposa, porque se aprovecha el ejemplar al completo para otros usos. Sería un acto de millonarios caprichosos, enajenados y extravagantes usar esos bocados mínimos y arrojar a la basura el resto para resaltar lo excepcional.

Aprovecho para señalar que, de un modo amortiguado y lejano, nosotros somos esos seres caprichosos cuando pedimos un plato de alitas y olvidamos que son un desgarro de algo mayor y que, en el caso de las aves de supermercado —ya no escribo de corral porque el supermercado es su hábitat—, se fuerza a la superproducción. Y la superproducción necesita animales de crecimiento rápido. Y los animales de crecimiento rápido son seres martirizados. Cuantas más alitas consumamos, más pollos habrá que criar a gran velocidad. Yo quería escribir sobre el placer y hasta aquí solo he dibujado notas de dolor.

Vayamos, pues, al goce. El caso de las cocochas es otro porque proceden de seres salvajes, aunque la sobrepesca lleva a la extinción. El precio también es protector: para la especie y para nosotros. Consumimos menos porque no podemos pagar más.

Si la alita se despachara con tasación de cococha tal vez le otorgaríamos el auténtico valor y la comeríamos con prudencia y respeto. Me acerco, de esta manera, a una exquisitez que encuentro en el mercado a 60 euros el kilo (las de merluza: las de bacalao son más baratas). Las alitas están en torno a los 4. Y aquí quería llegar: aunque estuviera en nuestro bolsillo la posibilidad de habituarnos a las cocochas —y servirlas con la rutina alada— cometeríamos un error, porque es la abundancia lo que genera la apatía. Todo a todas horas sin límite. Y no: una cierta sobriedad para comprender lo que comemos y por qué lo comemos.

Escribo con entusiasmo sobre uno de los bocados más insólitos: ese tejido bajo la barbilla de merluzas y bacalaos. Lo aprecian incluso los que detestan los interiores de las bestias. Qué bravo —y necesitado— estuvo el primero o la primera que lo probó. Gelatinoso hasta convertir la boca en un terreno resbaladizo. No hay otra textura que exija tan poco y que dé tanto.

He preparado la receta que Martín Berasategui me enseñó cuando grabamos un episodio de la videoserie *Cata mayor*. Primero, secar bien las piezas. Mientras, a fuego bajo, calentar ajos cortados y guindilla fresca (la puse seca) en la cazuela, sin que la liliácea se llegue a dorar. Colocar las *kokotxas* con la piel hacia arriba y dejar tres minutos. Sacar del fuego y salar. Pasar el aceite a un recipiente frío para bajar la temperatura y, con la ayuda de una cuchara (y otra persona), añadir poco a poco.

Mientras, ir moviendo la cazuela apoyada en la encimera: de izquierda a derecha y de derecha a izquierda. Espolvorear perejil. He cocinado otras veces *kokotxas* en casa, pero jamás conseguí un pilpil tan denso como con esta fórmula. Tuve un orgasmo de pie: cuando lo dije en la mesa, mis hijos se rieron incómodos. Aterciopelado como la capa de una emperatriz y con ese color dorado punteado de verde y que es un amanecer entre olivos. Lo comí a cucharadas.

Pienso en el fragmento con forma de V y cubierto con un espesor pilpinero hecho con gelatina animal y grasa vegetal y sé que me zamparía un kilo, y sé que no lo voy a hacer. Porque la gracia es la contención, la gracia es quererlo, la gracia es disfrutarlo desde la mente para, cuando se pueda, embadurnarse en busca de la belleza que da la cocina y que provoca arrugas de placer.

EL ROSA EN UN TIEMPO BLANCO Y NEGRO

Pastelito de la Pantera Rosa

Me remonto a muy atrás, a cuando nuestros juegos eran peligrosos y podías regresar a casa con la cabeza abierta de una pedrada. Sin embargo, no escribo sobre lo rojo, sino lo rosa.

El rosa, al decir de los especialistas en decodificación social, representa hoy un color político, expresado en la peluca de Michaela Coel de la serie *Podría destruirte* (HBO), alegato contra la violencia sexual y de la libertad cosida con dolor. En los años setenta, reivindicar el rosa llevaba directamente al puñetazo y al apelativo de mariquita o maricón, y, sin embargo, existía un ser pintado con ese tono al que se le seguía con la devoción y la confianza reservada a los flautistas, a los profetas, a los feriantes y al carrito de los helados: la Pantera Rosa.

Nadie se planteaba entonces que la Pantera Rosa fuera rosa, el color reservado a las niñas y a la industria de la sexualización. *El show de la Pantera Rosa* apareció en España en 1972 y yo tenía seis años y deseaba que llegara el sábado por la tarde para sentarme ante el televisor y reír o sonreír o alborozarme con las aventuras de aquel felino capaz de las mayores barrabasadas sin perder ese paso que le dio fama. Tenía una manera peculiar de andar, y de mover la figura y alzar el hombro, que nunca renunciaba a la elegancia.

La euforia de la brillante careta y esa canción de Doug Goodwin que interpretaban The Barbatsalos, grupo del que nunca he sabido nada, me ponía alerta y en situación. El primer episodio era la gloria, porque aún quedaban dos, y el tercero anunciaba el final inmediato del disfrute y la triste y prolongada espera de siete días hasta el siguiente *show*. Las plataformas permiten un consumo bulímico, pero nosotros teníamos que seguir la estricta dieta semanal. Cada programa tenía su día y su hora, y con ese calendario inalterable compartimentábamos la infancia. Aquel régimen no nos hizo ni pacientes ni estoicos: tragamos episodios con la misma voracidad que un *millennial*.

Todo era extraordinario y motivador, la música, como digo, de un optimismo feroz que aún hoy me pone la carne de gallina. Y el coche, qué extraordinario vehículo de siete metros de longitud, con el morro de pato y conducido por ¡un niño con casco! ¿En qué maravilloso lugar dejaban a un chico llevar semejante bólido?, pensábamos. Se abría la tripa y salían los dibujos, y la mezcla de la imagen real con la pintada también era sorpresiva. La pantera y el inspector entraban en el Teatro Chino de Hollywood Boulevard, que en nuestra imaginación podría haber sido el castillo de Fu Manchú.

Antes he dicho que no había prejuicios hacia el rosa de la Pantera Rosa y he mentido: porque era en blanco y negro, porque la tele era en blanco y negro, porque la vida era en blanco y negro. El pastelito sí que era rosa, rosa chicle, y lo comía a la menor oportunidad sin que los matones me lo restregaran por la cara. Y no deja de ser raro, porque entonces la violencia estaba en todas partes: en la regla del profesor, en el cachete del cura, en la intimidación de los conserjes, en los tumultos en el patio del colegio.

El estreno de la teleserie en España fue en 1972 y el bizcocho es del 73, creación del químico Josep Pujol —fallecido en noviembre del 2019— para la planta de Bimbo de Granollers. La modernidad, para nosotros, era la bollería industrial y esos placeres de azúcar que ya no comemos, o que tomamos de forma esporádica y nunca con relax, sino con remordimiento. De niño también era algo ocasional, festivo y con excusa: la economía no daba para envoltorios brillantes.

Lo he vuelto a probar y es diferente. Lo recordaba cremoso y con un manifiesto contraste entre la cobertura y el interior. No sé si la fórmula es la misma. Seguro que quien es diferente soy yo.

HABLEMOS (BIEN) DE LOS BOGAVANTES

Lobster roll y langosta con huevo frito

I

David Foster Wallace fue un escritor torrencial y abrumador: hay quien entra en esa jungla y sabe salir, y quien se pierde. Yo soy de los segundos. Lo he intentado varias veces, pero acabo atrapado en las enredaderas de las digresiones o picado por las tarántulas de lo anecdótico tratado como esencial. En el 2008, Foster Wallace se ahorcó y, a sus pies, miles de páginas de novelas, cuentos y ensayos que los críticos califican de geniales, y los achantados, de literatura más difícil de abrir que el plástico de un *compact disc*.

Cuatro años antes, en agosto del 2004, la revista *Gourmet* publicó el reportaje *Consider the lobster*, con solo dos fotos, siete páginas y las características y largas notas a pie de página de Foster Wallace.

La editora de *Gourmet*, Ruth Reichl, había perseguido al escritor para que impregnara la publicación con su talento y le sorprendió el tema elegido: el Maine Lobster Festival, que se celebra los veranos en la localidad de Rockland. A la recepción del texto, llagas en los dedos porque lo que entregó no fue una gloriosa y epicúrea reivindicación de comer crustáceos, sino una reflexión sobre el sufrimiento de los invertebrados. Reichl lo publicó con el miedo a la cancelación de cientos de suscripciones y lo que recibió fueron cientos de aplausos y solo dos bajas. *Consider the lobster* fue influyente e incidió en el modo en el que las revistas gastronómicas entienden lo gastronómico, abordando asuntos complejos más allá del placer.

He vuelto a ese texto —que leí hace tiempo— porque he estado escribiendo sobre el *lobster roll*, el célebre bocadillo de Nueva Inglaterra, y cuando entro en un tema me apasiono como un mono con un palito ante un hormiguero.

Consider the lobster dio después título a un libro —he comprado la edición de bolsillo para no cometer errores—, que recogió otros nueve ensayos de Foster Wallace y que en España fue traducido, en el 2007, como *Hablemos de langostas*. Bien por la publicación y mal por el título.

Lo que desmiembra el escritor no son langostas, sino bogavantes, en concreto, el *Homarus americanus*. La langosta pertenece a la familia de las *palinuridae* y, el bogavante, a la de las *nephropidae*. Y se diferencian a simple vista: el *Homarus americanus* tiene pinzas, así como el *Homarus gammarus*, conocido como europeo. Es grave, sí, pero no tanto como que te corten un pie. También sigue la corriente: en miles de textos se repite este combate de carros blindados. En un capítulo de *Los Simpson*, Homer tiene una mascota —una langosta, van repitiendo— que se llama ¡Tenacitas! Homer la cuida, la mima, la pasea, y al final… Homer hace de Homer.

Lo asombroso en este asunto de la muda de lenguas es que no hay más que mirar las fotos. Colocas Maine Lobster Festival en el buscador de Google y aparecen unos monstruos cuyas pinzas podrían protagonizar una lucha a muerte con Godzilla. La portada de *Hablemos de langostas* también es inequívoca: sale una niña con un disfraz de bogavante.

Dejemos de un lado la traducción y concentrémonos en lo importante: qué cuenta Foster Wallace de su experiencia en el Maine Lobster Festival. Tarda en centrar el tema, pero cuando lo hace aporta destacables datos biológicos —aunque sin citar fuentes— sobre si estos animales son capaces de sentir el dolor. Se demora muchas páginas en formular la pregunta: «¿Está bien hervir una criatura viva y sensible únicamente para nuestro placer gustativo?».

En la biografía de David Foster Wallace, *Todas las historias de amor son historias de fantasmas*, con 472 páginas, el periodista D. T. Max dedica un par a la visita que el escritor hizo al Maine Lobster Festival en agosto del 2003 para explicar la agonía y matanza de los bogavantes con fines lúdicos: el reportaje *Consider the lobster* salió publicado en la revista *Gourmet* un año después.

Es revelador lo que D. T. Max cuenta en ese corto espacio: «A Wallace siempre le había interesado el tema de los sentimientos de los animales —su incapacidad para protegerse a sí mismos le conmovía de una forma que no lo hacía el dolor humano— y a lo largo de los años había llegado a preguntarse qué derecho teníamos de tratarlos con crueldad». Y sigue un poco más adelante: «Wallace no se hacía ilusiones acerca de que su investigación cambiara el comportamiento de nadie (tampoco modificó el suyo propio: según cuenta [la artista Karen] Green, una noche en el festival se comió dos langostas para cenar) [...]». Dos langostas no. Como ya sabemos, fueron bogavantes: las consecuencias de la mala traducción al castellano son devastadoras.

¿Fue un hipócrita, aceptó el papel de depredador, se entregó al frenesí colectivo y agrietó los caparazones de aquellos inocentes seres —es un decir, porque son unos depredadores muy agresivos, y caníbales— para llegar a las dulces carnes? La aportación de D. T. Max es sustanciosa porque la lectura de *Consider the lobster* indica que la posición del artista era la contraria: demostrar que los miles de terminaciones nerviosas que tienen los hace sensibles y que nosotros no tenemos ningún derecho a causarles daño.

Foster Wallace escribe en mayúsculas el nombre del instrumento de tortura de la fiesta genocida, la Olla de Langostas [bogavantes] Más Grande del Mundo, y establece una tramposa analogía: «Intente imaginar un festival de la Ternera de Nebraska en el que una parte de las celebraciones consistiera en mirar cómo paran los camiones y se conduce al ganado vivo por la rampa y se lo sacrifica allí mismo en el Matadero Más Grande del Mundo o algo así... impensable». ¿Qué tendrá que ver un mamífero con un crustáceo? Pero sí acierta en una valoración al sacar el vacuno al escenario: cuanto más alta es la posición en el reino animal, más hace la sociedad por ocultar la muerte, esperemos que por higiene, por control (veterinario) y porque somos tan sensibles (¿ironía?) que no podemos soportar la ejecución de seres de cuatro patas. En cambio, en el caso que nos ocupa nos llevamos la muerte a casa. Porque es una muerte pequeña, a escala reducida.

En un momento de *Consider the lobster*, el autor dice: «Es la comida más fresca que hay». Es falso. Nos ocupamos de que otros alimentos lleguen vivos, no solo las langostas o los bogavantes, que aparecen en la mesa de una forma excepcional. Intentamos que los mariscos y los moluscos sigan latiendo porque una vez *kaputt* se acelera la descomposición. ¿Sufren los caracoles que intentan escapar de la cazuela reptando fuera de la cruel sauna? ¿Pensamos en si padecen los mejillones o las navajas?

La escena que Foster Wallace cuenta es terrorífica, con los bogavantes picando frenéticamente la olla con el código morse del martirio. He escuchado esos golpes en mi cocina y también he partido cuerpos con el cuchillo para matar con la mayor rapidez posible y ahorrar sufrimiento (y no hemos hablado de la liquidación lenta por asfixia y olvido en el frigorífico). Nunca es un acto sencillo ni inocuo.

En las casas se mataban los pollos y los conejos, y esa sería ahora una actividad intolerable. ¿Somos mejores que nuestros padres y abuelos? De ninguna manera. Es diferente la relación con los animales. A los vivos los llamamos mascotas; a los muertos, bandejas de comida del supermercado.

II

El jefe de sala de Casa Tejada me presenta al bogavante. Lo ha sacado del vivero de la entrada, donde hay una decena de ejemplares. Snif, adiós, señor Bogavante: cuando nos volvamos a ver será en otras condiciones. Es un *Homarus gammarus*, la especie europea, que en las cartas aparece, a menudo, con el patriótico adjetivo de nacional o país, aunque su país sea el inmenso Atlántico. Tiene ese bonito color azul que vira a negro y que un sastre tendría que copiar para una chaqueta.

Casa Tejada, propiedad de Romain Fornell, está especializada en ostras, mariscos y tapeo. El acuario de la entrada y su baile de pinzas son el reclamo. La estrella es el decápodo marino, que la gente pide al ajillo.

Me he sentado para comerlo de otra forma, metido en un pan, a la manera de Connecticut (el animalillo salteado con mantequilla, según lo hacían en Perry's, Milford, a mediados de los años treinta del siglo XX) o de Maine (el animalillo a temperatura ambiente y con mayonesa). Los dos estados se disputan —ese tipo de luchas comerciales y turísticas tan rentables— la autoría del *lobster roll*. Lo que *bocadillean* en la Costa Este de EE.UU. es el *Homarus americanus*. Muchos platos atraviesan un extraño camino, que alguna vez en un remoto pasado llamé, y no como elogio, *gurmetización*. Nacen con modestia y a un precio adecuado, y llegan a los altos comedores a un precio absurdo y con pesados extras: pasa con la hamburguesa. El *lobster roll* creció en los merenderos de Nueva Inglaterra, apenas ha evolucionado y los venden en torno a los 20 dólares (16,5 euros).

La gran baza en Casa Tejada es que trabajan con material vivo. Lo escaldan (siete minutos por kilo), sacan la carne del cuerpo y las tenazas, la trocean y reservan el coral de la cabeza para mezclarlo con la mayonesa. «Intentamos que no pase por la nevera», asegura el cocinero.

Brioche del horno de Sant Josep dorado en la sartén con mantequilla Beillevaire y, dentro, 140 gramos de carne, cogollo, cebolla crujiente, ralladura de limón, *wasabi* y la mayonesa enriquecida. Sale con unas patatas fritas de primera (variedad agria, con doble fritura) y una ensalada de col, apio y zanahoria.

Olvidaos de la elegancia: no es un bocado para finolis. Los dedos untados de mantequilla y los labios realzados por la mayonesa. Nosotros asociamos el bogavante a lo suntuoso y este modo de comerlo se salta la etiqueta.

III

A ese comensal sanguíneo y sudoroso y de camisa desabrochada y coche deportivo en la puerta del restaurante y tarjeta de crédito platino o azabache le debe de dar un placer retorcido y expectorante esta combinación que une la cotidianidad y la celebridad, el ingrediente barato y abundante, y el ruidoso y escaso. El plato es la langosta con huevos fritos y patatas, y es el más célebre y anhelado de las Baleares y el que tiene una historia corta como el rabo de un bulldog.

Ningún nuevo rico ni aspirante —y, cómo no, también los pata negra— renuncian al capricho de ese amor dudoso. No hay suficiente langosta con identidad —hablamos del Mediterráneo— para estrellarse en tantos establecimientos con humos. Crustáceos llegados de otros mares se camuflan como nativos en mesas de Madrid y Barcelona.

Se le atribuyen un par de paternidades, según el gastrónomo Borja Beneyto, más conocido como Matoses: la del Jágaro, en Menorca, y la de Es Molí de Sal, en Formentera.

El dueño de Jágaro, Jaime Garriga Roselló, explica que hará unos veinte o veinticinco años, un cliente pidió el crustáceo de una manera diferente y que, para complacerlo, se lo sirvieron en compañía de patatas, huevos y laurel.

Hace dos décadas, con otros precios y una mayor población langostera, puede que el revolcón tuviera sentido. Hoy, a 75 euros la ración (medio kilo de bicho), es difícil comprender el barroquismo con aire popular. La concurrencia del tubérculo y el huevo es innecesaria, una coartada para disimular el dispendio.

El plato ha sido diseñado para el exhibicionismo y tal vez su triunfo reciente se deba a su idoneidad para ser difundido por Instagram.

Bandejas valoradas en varios cientos de euros con langostas troceadas y fritas y flambeadas, y patatas y ajos y pimientos cubiertos por media docena de huevos. Y, una vez hecha la foto y demostrado al mundo que tenemos poderío y pasta, o deudas e impagos, ¿qué? ¿Cómo se come eso? ¿Hay que repartir los elementos y, al terminar la compleja distribución, asumir que comemos unos despojos fríos? ¿Trocearlo todo y pringar las cáscaras del artrópodo con restos de albúmina? Porque, amigo, esa mixtura vende rusticidad y verdad culinaria, así que (¡75 euros por barba!), ¿para qué llevarla pelada a la mesa?

Solo se remonta la barbarie con un modo razonable de servir el condumio. En una cazuela, saltear el crustáceo con ajos, echar brandy si se cree fundamental y llevar enseguida a la mesa. Liquidada la víctima, devolver la cazuela a la cocina y freír los huevos que sean necesarios en el extraordinario aceite impregnado de mar y profundidad. Dos servicios que respetan la naturaleza de ambos productos y que nos respetan como clientes. ¿Y las patatas? Si hay empeño en el público porque no es posible la vida sin ellas, se preparan aparte y se llevan a la mesa cuando desfilen yemas y claras. He pedido a Andreu Buenafuente una camiseta con la siguiente leyenda: «Todo irá bien mientras haya patatas fritas».

También esa fórmula tiene peligros: la sobrecocción de la reina roja. Apunto el remedio que aplico en casa. Partir por la mitad, de forma longitudinal, y encajar en una cazuela. En un recipiente al lado, freír los ajos en aceite e ir mojando con la grasa las carnes de la langosta sin darles nunca la vuelta. Tapar para retener la temperatura. El calor irá de abajo arriba y la delicada chicha nunca tocará el recipiente. Otra sugerencia: ¿por qué no aplicar el mismo sistema al cangrejo azul, especie invasora y destructora del delta del Ebro, riquísimo y barato?

A favor de la langosta. A favor de la patata. A favor del huevo. En contra del amontonamiento. Ya puestos, ¿por qué no un puñado de caviar y unos cortes de wagyu y unas láminas de trufa de verano, sin olvidar las lascas de ventresca? Sí, todo bueno, todo excelso, todo sobrevalorado. Porque, al final, el disfrute mayúsculo y sincero consiste en mojar el pan en la yema y desparramar el amarillo.

IDEAS PARA RENDIR AL INVASOR
Cangrejo azul al estilo de Singapur

Una manera de acabar con el enemigo es comérselo, aunque no me refiero aquí a los humanos ni es una elegía del canibalismo. Depredadores sin control, atentamos contra lo escaso y, en cambio, dejamos escapar lo abundante. ¿Por qué el jabalí tiene tan poca presencia en los menús cuando su consumo habitual ayudaría a disminuir a una población que se considera una plaga? Seguro que es por bloqueo cultural, miedo a lo salvaje, prevención ante las armas, el rechazo a los sabores fuertes y atávicos.

En ese desembarco masivo, el cangrejo azul, de bonito nombre que vira a rojo cuando se cocina, fecundo y omnívoro, que pone en jaque a los nativos allí donde se instala. En el delta del Ebro es un problema y se aconseja la pesca para disminuir a la población. Sorprendentemente es difícil de encontrar fuera de la zona, de las Terres del Ebre, de ese lugar de acuerdo entre el mar y el río, y tampoco el precio está por los suelos: lo compré a 19 euros el kilo, y el bonito estaba a 16,90. ¿Acaso no habría que facilitar el acceso al consumidor puesto que representa un desafío ecológico?

Contribuyo aquí con algunas ideas para detener al invasor, la primera de las cuales es un festival al estilo de los que se celebran en la bahía de Chesapeake y alrededores, con gente de Washington desertando de la ciudad: se entrega al comensal un mazo de madera y que comience la bacanal de *Maryland crabs* al vapor y espolvoreados con especias Old Bay.

No es la manera más fina de proceder, pero sí eficaz. Los porrazos sueltan esquirlas. El excedente de baberos de las *calçotades* podría desviarse unos pocos kilómetros más abajo. O combinar la tradición nonata con la antigua: *crancs i calçots*, lo dejo ahí para promotores hambrientos. La salsa, el romesco o la *salvitxada*, para untar el *mar i muntanya*, el *surf & turf*.

Mi sugerencia no es loca, puesto que se trata de la misma especie, la *Callinectes sapidus*, que procede de las costas atlánticas y que ha colonizado las nuestras. Allí se considera una benévola exquisitez, un deseo organizado, y aquí, un incordio. ¿Por qué no darle saque festivo y multitudinario? Mientras alguien pone las mesas bajo los toldos, sugiero usarlo en calderetas, *suquets*, arroces y *fideuà*. Lo preparé con pollo en sustitución de la gamba o la langosta, de precio muy (muy) superior, y también metí su agresividad entre fideos hasta pacificarlo. Los venden con las pinzas sujetadas con gomas: manejan las pinzas como los ninjas las espadas. Que nadie piense en banquetes romanos porque son de carnes exiguas y de gran sabrosura.

Lo acabo de cocinar al estilo de Singapur y lo escribo en inglés para parecer enrollado: *chili crab*. En la ciudad estado, usan cangrejos de manglar y yo los he sustituido por los de proximidad e incomodidad medioambiental.

La receta más célebre de *chili crab*, y la primera y fundacional, es la de la cocinera Cher Yam Tian, que, a mediados de los años cincuenta del siglo pasado, guisó el azul con tomate y guindillas, plato que le permitió salir de la miseria y abrir restaurante, el Palm Beach Seafood Restaurant. Su hijo, Roland Lim, en el establecimiento que lleva su nombre, lo sigue preparando, así como otras especialidades de la madre, como las gambas con salsa negra.

Los hice a mi manera y sin el toque final de huevo: los salteé, salpimentados, los retiré y, en el aceite, sofreí ajos, cebolleta, jengibre fresco y un buen chorretón de vermut; tomate, pimentón ahumado picante, salsa de chiles y un chorrito de naranja; espesé con maicena, partí los crustáceos y los devolví a la cazuela, dejé que se mezclara bien el conjunto, apagué el fuego y cubrí con cilantro y perejil y la parte verde de la cebolleta.

Me armé de una barra de pan y, sudando, chupeteando y rebañando, me rendí al invasor.

BIOGRAFÍA DE UN PSICÓPATA (1)

Criadilla y bocata de estómago

Siempre me he sentido atraído por las vísceras y puede que un psiquiatra vea en ese placer forense algún rasgo destacable, aunque no imagino la biografía de un psicópata titulada de la siguiente forma: *Sesos rebozados*, *Riñones al jerez* o *Testículos de toro*. Respecto de las criadillas, la única vez que las probé fue en el desaparecido restaurante Amaya, en el último tramo de la Rambla barcelonesa, hace muchos años, cuando las cartas aún recogían el atrevimiento y respetaban las entrañas.

Dudo que los restauradores se atrevan hoy a plantar dos turmas gelatinosas de ternera, más probable que de toro, en un plato a menos que sea un restaurante para masoquistas, algo que ya existe, pero que no se dice abiertamente: vendría a ser uno de esos lugares en los que maltratan a los clientes, y ellos, empecinados y cautivos, vuelven.

Cuando en una carta veo algo fuera de lo común me llama más la atención que una rosa negra en un ramo de rosas rojas, así que en aquel Amaya de los años noventa, cuando la parte baja de la Rambla era el corazón de las tinieblas, leí la propuesta taurina y me lancé de cabeza, mejor, de morros, le di un bocado a la masa desmoralizante y me pareció más desagradable que un saludo en la cara con la mano abierta.

Para no quedar como un timorato y terminar rápido con el sufrimiento, decidí la peor estrategia: metí la elipse de golpe en la boca y el asco me subió del estómago a la nariz a la velocidad de la luz.

Masticarlo fue como morder esas bolas de plástico que reventamos con los dedos. Acabé con el *blandiblup* como pude y me rendí ante el segundo escroto. ¡Que se lo den a Manolete! El rabo de vacuno es un sustituto virtual del bocado *gore*. Lejos del aparato reproductor y disponible en los dos sexos de los bóvidos, forma parte de un guiso para rumiar en silencio.

Palabras como sangre o lengua o mollejas o crestas o pulmones o intestinos o corazón (¡viva el anticucho!) no generan en mí ninguna náusea, sino ese feliz atractivo de lo que escapa de la inercia. Es también un recordatorio de que la chuleta es a la alimentación lo que el domingo a la semana. En cambio, los callos son un consuelo rojizo para cada día. Apenas cocino asaduras en casa —aunque sí carrilleras o fuagrás— porque atraen poco a los hijos, pero las pido siempre que están a mi alcance de destripador.

El muy recomendable libro de Alexandre Serrano titulado *A la menuda* (2021, Llibres de la Drassana), y que recorre la cocina de la tripería en Europa, «la cocina del subsuelo» y de «la marginación», me trae al recuerdo el *panino col lampredotto* que aún es posible comer en muchas esquinas de Florencia, y en sus restaurantes, que nunca han renunciado a los platos de interior. Si hay que decidirse por el interiorismo, que sea el abdominal.

Que un estofado de estómago de vacuno haya sobrevivido desde el siglo xv, como fecha Serrano, es un prodigio, un hecho insólito y un bien para preservar, porque las corrientes dietéticas y gastronómicas no señalan un renacer de la casquería, aunque a lo mejor sí lo hacen el decrecimiento económico y la obligada renuncia al entrecot.

Supongo que Sergio Pollini seguirá en su quiosco, Tripperia Pollini, situado frente al restaurante Cibrèo, propiedad de Fabio Picchi y que pasa por ser uno de los mejores de la ciudad.

Comí después en Cibrèo Caffè, también de Picci, y ni el paté ni las albóndigas con salsa, una carísima ración de mínimos, hicieron nido en mi memoria, a diferencia del bocadillo de Pollini, que solo costó 3,5 euros.

El pan crujiente para sostener el guiso, el estómago cortado en tiras, la salsa verde con alcaparras y perejil y un toque de la picante, y la reconfortante alegría del mordisco.

El *lampredotto* como recordatorio de que combatir el derroche alimentario pasa por dejar de distinguir entre cortes de primera y despojos de segunda.

BIOGRAFÍA DE UN PSICÓPATA (2)

Cabeza de cochinillo y de ternera, careta, cuello de pollo

I

No siempre es posible mirar a la víctima a la cara y agradecerle el sacrificio; arrancar las orejas y recrearse con ellas; cortar el morro y sacar la lengua y el seso. No soy Hannibal Lecter, pero me he comido una cabeza y estoy feliz.

Pesaba unos ochocientos gramos, la habían confitado en aceite de girasol a 90 °C durante 12 horas, dejado en reposo durante un día y frito unos cinco minutos.

La extraordinaria testa de cochinillo de La Tasquería, en Madrid, donde Javi Estévez y su equipo, con Nola Fernández como jefa de cocina, hacen el uso más inteligente que conozco de la casquería. Inteligente, digo: hablamos de cabezas y de cerebros. Renunciar a este restaurante porque está especializado en interiores es como rechazar un óleo porque huele a pintura.

Me referiré de nuevo a la apabullante testera después, pero ahora quiero parar un momento en un conjunto que podría gallear en un restaurante de finolis y que ningún temeroso de la víscera debería perderse: chipirones rellenos con guiso de crestas, salsa de tinta y arroz suflado.

Me juego un riñón a que, si al comensal no se le informa antes del contenido, será incapaz de detectar el apéndice. Los prejuicios son, demasiadas veces, sonoros y visuales, y dejan de serlo en silencio y al meterlos con inocencia en la boca. Nos dejamos atemorizar por las palabras sin testar el contenido. Sueltas: «Cresta de gallo» y el amilanado tiembla;

lo prueba y se relame con esa clase de textura que nos hace flexibles.

Javi tiene una reflexión para apocados: «Cuando alguien dice: "A mí no me gusta la casquería", respondo: "¿Y te gustan el fuagrás, las carrilleras o la morcilla?"».

En febrero del 2015, abrió La Tasquería —neologismo perfecto— «con un crédito avalado por los padres», poniendo en riesgo la economía familiar y confiando en el poder de las mollejas.

La Michelin le dio la estrella en la edición del 2019 en un ejercicio de riesgo poco habitual en la guía, y aún más con un local pequeño, con una cocina de bolsillo y un ambiente de taberna, unas limitaciones que aumentan mi entusiasmo: la comida de La Tasquería ha sido altamente satisfactoria con la ensalada de hígado de ternera, la *cacheira* prensada, repollo y salpicón de pochas; la lengua de ciervo en civet o el taco de carrillera salseado con cabeza de gamba. Ah, y los vinos que maneja Taty del Río —la manzanilla Velo Flor de Bodegas Alonso o la albillo real Zephyros 2018 de Daniel Ramos— y el servicio cálido sin atosigar de Ana Moya.

De niño, a Javi se le resistía el hígado encebollado, «por su sabor a hierro», y como cocinero, la ubre: «Se nos hizo bola. Sabía a queso». Se queja del sinónimo *despojo* por injusto y sabe que es el aspecto lo que acusa el rechazo: «La cabeza y los ojos son lo más difícil de aceptar. Y se asocia la casquería a las partes interiores olvidando las exteriores». Podríamos estar hablando de una revista de decoración.

Vuelvo al término despojo por insultante y falso: en la restauración, existe tal demanda de orejas porcinas que pronto se necesitará una bolsa de valores cerdos. «¡Y si gasto orejas las sacan de las cabezas, y yo quiero las cabezas enteras!», exclama el chef. Este es el reino de la miniatura singular: de los tendones (con navajas, en un juego de similitudes), de los riñones de conejo (con mantequilla y minichampiñones) y del corazón de pato marinado con pesto rojo. Un pato, una sola lengua, ¿acaso no es una hazaña ofrecer un platillo de lenguas?

La cabeza me da vueltas: la estudio con el interés del jíbaro. Broncínea, crujiente, tiro de la piel, voy despiezando el cochinillo con los dedos, meticuloso. Ese es un asunto de dedos, un pasatiempo dactilar, un compromiso con el tacto.

No tengo prisa, no quiero tener prisa. Las orejas concupiscentes, el morro tentador. Y el pobre sonríe.

II

He hincado el diente algunas veces a una cabeza de ternera —y recuerdo con nostalgia y pena la que preparaba el fallecido Jean Luc Figueras[2] con salsa *ravigote*—, aunque siempre llegó racionada desde la cocina, sin que la chola asomara en su esplendor. Esta es una sociedad que invisibiliza y que confunde a las mascotas con los animales domésticos, y a la que horroriza la visión de aquello que recuerda al ser cuando estaba vivo.

No comemos ojos porque no podemos soportar que la víctima nos mire. Y no comemos cabezas de mamíferos porque la forma nos repele —la asociamos con lo humano— y, sin embargo, aceptamos el cuerpo. Ningún problema con el pollo, aunque, señor, mejor que aparte el cuello, el pico y la cresta, un impacto visual que para mí es positivo y sabroso. En cambio, lo toleramos en los pescados, seguramente porque se alejan de nuestra configuración anatómica.

---

[2] Cocinero francés de origen catalán fallecido en 2014. Estuvo al frente de Eldorado Petit (el cual llegó a tener una sucursal en Nueva York), Azulete y Blanc, además de su restaurante homónimo. Su última etapa la pasó en el Hotel Mercer de Barcelona.

Hacía mucho que quería comer una *tête de veau* hervida entera en un restaurante y no adquirida cortada en un puesto casquero, que llegara al comedor en una bandeja como homenaje a Salomé en versión comestible. Y sabía que era un reto necesitado de un cocinero kamikaze, con técnica y arrojo, al menos, lejos de Francia, donde existe una gran tradición, aunque tampoco creo que allí sea habitual que la chaveta se presente en la sala sin fisuras.

He visto fotos de actuaciones torpes y destructoras en las que el resultado final sugiere que el bovino ha estallado desde dentro o que las carnes se han soltado del cráneo en un acto de pesadilla, como si sirvieran la máscara de Leatherface, el de *La matanza de Texas*. Así que cuando Paco de la Rosa, dueño de los cavas Torelló, me convocó para un *tête à tête* organizada por él y por el gastrónomo Miquel Brossa, dije que sí con el entusiasmo de los deseos que van a cumplirse.

La cita era en Le Gran Café Rouge, situado en un lugar que fue el límite norte de Barcelona y de la pobreza, y donde hoy venden pisos de dos millones y medio de euros.

A la dirección de ese establecimiento de techos altos, cristales inacabables y paredes rojas, Romain Fornell, hacedor de restaurantes. Eso de cocinar el cabezón comenzó hace una década aguijoneado por Brossa y a lo largo de los años ha habido unos pocos aquelarres por la dificultad de conseguir las piezas y por la delicadeza que requieren la cocción y el corte: «Me las trae el carnicero Fabien Besnier, amigo de la infancia», dijo Romain. No quiero imaginar un control de policía: «¡Abra el maletero!».

Procedían de Les Fermiers du Comminges, en Saint-Gaudens, a una hora de Toulouse y, la raza era blonde d'Aquitaine, animales con menos de tres años de edad. Dos cabezas de unos diez kilos cada una: «Cuatro horas hervidas lentamente con verduras y una hora en el horno de vapor». Las observé en el jacuzzi mientras me pimplaba una copa muy fría de un mágnum de brut nature del 2015 que Paco puso en cubiteras junto al xarel·lo/chardonnay Gran Crisalys 2018.

La aparición en la sala de la primera *tête* fue saludada con respeto y emoción: llegó perfecta, aérea, sin daños. Con un cuchillo que cortaba con solo mirarlo, Romain despachó el primer servicio, con morro, oreja, salsa *gribiche* y cucharada de caviar (muy bien); el segundo, corte de la parte superior y de las carrilleras, salsa *gribiche* y también salsa *ravigote*, y unas zanahorias y patatas perfectas (requetebién) y el tercer servicio, más carrillera y lengua (requetetetebién). El contraste entre la acidez de las salsas y la melosidad del músculo, con una breve resistencia, era comer la inocencia y la maldad a la vez.

Al llegar a casa, bautizado, puse en marcha la sesera y busqué información: cada 21 de enero, algunos republicanos franceses se reunían para darle a la *tête*. Celebraban la muerte de Luis XVI.

Su cabeza rodó tras caer la guillotina. Una cabeza por otra cabeza.

III

Quien escuche con atención la gastronomía, y el correr de sus aguas claras, y de sus aguas turbias, se habrá dado cuenta de cómo la careta/oreja/morro de cerdo ha ido apareciendo en restaurantes con mantel o, al menos, con servilletas tupidas. Traspasada esta primera línea, alguien ya habrá arrugado el morro y dirá: «¡Si siempre ha estado en los bares!». Cierto, pero de lo que se habla aquí es de cómo se ha ido desplegando más allá.

Por ejemplo, en Soca-rel, en Llofriu, la careta a la brasa y con cilantro y limas y chiles y jugo de ternera; en Sacha, en Madrid, la oreja confitada y con un chimichurri añejo que va cumpliendo años (la idea de una masa madre) o la ya contada cabeza entera frita y deslumbrante y estremecedora de La Tasquería.

En Dos Pebrots, en Barcelona, esa alfombra con dos texturas de cochinillo ibérico da la cara desde el 2016. Antes hicieron célebres, y sin ganas de escandalizar, los pezones de cerda inspirados en el recetario de Apicius.

Me agarro al rabo porcino y me siento en la barra frente a la cocina abierta, que es como estar en el escenario de un concierto íntimo. Dos Pebrots lo fundó Albert Raurich, y el que fuera su mano derecha en Dos Palillos, el cocinero Takeshi Somekawa, es ahora copropietario, junto a Adrià de Pablo, al mando de la sala y los vinos. Celebro el reencuentro con La Vinya d'en Tomàs y al recién conocido Amistat: amigos para siempre.

Primer paso: deshuesar la pieza. Segundo paso: cocinar al vacío, dos horas a 90 °C, con tomillo, ajo seco, pimienta, sal y aceite. Tercer paso: acostar sobre la parrilla de carbón con la piel hacia abajo en buscar de ese crujir que, después, hará estallar el cerebro de placer. Cuarto paso: depositar en una tabla, cortar y salsear con un fondo hecho «con los huesos de la careta del cochinillo e infusionado sutilmente con romero», cuenta Raurich.

Quiero comer la delicia con paciencia, pero no puedo: el contraste entre la craqueante capa superior (¡que la vendan en bolsas por las esquinas!) y la adiposa y deliciosa carne es más satisfactorio que un masaje a ocho manos.

Dos Pebrots es un restaurante de cocina mediterránea de todos los tiempos, es decir, de otro tiempo, y quiero saber por qué un japonés, Takeshi, se ha enrolado en la travesía: «Me gusta estudiar y voy aprendiendo de ellos». Y señala, con el arco del brazo, a sus compañeros. Estudian, sí, y mucho, y son ya una referencia en el uso del *garum*, el aliño romano de vísceras de pescados fermentados, *garums* modernos o *garums* antiguos, aquí, *garumean* con todo: «Tenemos ocho o nueve distintos». Cada ingrediente, con una salsa hecha con esencias de ese mismo ingrediente.

Por la barra pasan porciones debidamente *garumeadas*: la coca de sardina y menta seca, las huevas de bacalao y la ostra Barcino —estupendo nombre en recuerdo de un pueblo que fue devorador del bivalvo—, curada y secada, que puede gustar a los ostrafóbicos. Dos bocados aparte: la lengua de ternera madurada y cocinada a baja temperatura con vino tinto, y el pichón, que también ha estado colgado semanas, y cuyos interiores pasan por una prensa para extraer los jugos. Y con *garum* de pichón, por supuesto. Extraordinario.

La torrija con leche de cabra es sin *garum*. Eso habría que estudiarlo.

IV

El cuello y la cabeza del pollo de Al Kostat, en Barcelona, son totémicos y alarmantes. Cuando la pieza aparece en la mesa, el comensal desinformado se lleva un susto.

Superado el *shock*, diremos que el plato es fantástico ya desde la presentación. Jordi Vilà lo bautizó en junio del 2019 como pollo Picasso, aunque después le rebajó cotización: se quedó en cubista.

«Lo de Picasso era pretencioso. Picasso es máxima excelencia y hay que tener respeto por la firma. Lo de cubista es más genérico». Planta el faro cuello/cabeza entre los muslos del plumífero. La estampa tiene carácter y en Instagram causa estragos: los edulcorados corazones *instragrameros* chillan con la crudeza.

«Quería preparar un cuello de pollo relleno como un canelón, metiendo un tubo de hierro dentro para tensionarlo. La idea era crear un rulo, una *neula*. Al mismo tiempo, buscaba un pollo rustido. Y juntamos las dos cosas. Encajamos el cuello en el desencaje». Picasso pintó algunos pollastres: sería aún más cubista si el pico estuviera del revés.

Las gallináceas proceden de Solsona, de la granja La Cajola, picoteadoras de más de dos kilos de la raza red star. Jordi compra «los muslos unidos». Veinticuatro horas antes los masajea por dentro y por fuera con una mezcla de sal, limón, romero y tomillo. Al día siguiente los hornea durante 45 minutos sobre una rejilla a 190 °C. La grasa que va dejando el bicho se mezcla con el agua y el brandy de la base. Desglasa ese jugo dulzón y hace una salsa al momento.

El camarero lleva la figura de impacto al comedor y lo devuelve a la cocina para el desmembramiento.

Primero, medio cuello relleno: exterior crepitante y, dentro, la finísima carne de esa parte de la anatomía con «elementos que refrescan»: albahaca, cilantro, cebolla al *cop de puny*. Después, la bandeja con manzana, los muslos desmenuzados y mezclados con la salsa y la piel churruscante.

Qué placer cúbico, cilíndrico, rectangular y piramidal. Por si fuera poco, patatas fritas de dos variedades, agria y monalisa, con distintos cortes y polvo de tomillo y yema con aceite.

Coc-coc-coc.

BIOGRAFÍA DE UN PSICÓPATA (Y 3)

Pato, perdiz, cabracho y pichón a la prensa

La prensa es un instrumento de tortura que aceptamos de una forma civilizada, incluso con alborozo. Cuando ese carro quebrantahuesos atraviesa el comedor con fulgores de plata, no podemos dejar de pensar que pronto estará cubierto de sangre. Plata y sangre, una aleación que refiere a la vez elegancia y crueldad.

Someter aves a la maquinaria de aplastamiento tiene, al menos, un siglo y pico, puesto que se atribuye el mérito a un francés con unas patillas confundidas con la barba y gafas de relojero, Frédéric Delair, de La Tour d'Argent, en 1890. Nada de qué extrañarse del país que inventó la guillotina.

Siguiendo el curso del Sena, *monsieur* Delair trasladó a su torre de argento de París lo que en Rouen, en Normandía, llevaban practicando desde comienzos del xix gracias a un tal Père Denise, un posadero de Duclair, ciudad que ha dado nombre a una raza de patos muy celebrada.

La memoria del Père Denise es defendida como *lobbie* desde 1986 por L'Ordre des Canardiers, que juran lealtad sobre una prensa y en cuya receta es imprescindible el «*caneton rouennais de 2 kg étouffé et non saigné*». El canetón asfixiado y no desangrado. Decir, sin más pistas, que el plato es también conocido como *canard au sang*. Se trata de que el máximo de hemoglobina siga en las venas de la víctima, porque esa es la base de la salsa. Es la metadona de los vampiros.

Estas historias, como el Sena, están llenas de afluentes y, según el *Larousse Gastronomique*, el responsable del estrangulamiento no es Père Denise, sino Méchenet, «un restaurador de Rouen, que debió gran parte de su éxito al duque de Chartres, quien difundió sus méritos en París», lo que captó la atención del hombre de la torre, Delair.

Al menos, la mayoría de las fluentes o afluentes convergen en el origen de Rouen, con la excepción de Néstor Luján, que en *Historia de la gastronomía* (editada en 1988 y reeditada en el 2019) presenta en el escenario a un nuevo actor, también a la sombra de la torre: «En la época del Imperio, La Tour d'Argent estuvo en manos de un célebre cocinero, *monsieur* Lecoq —nombre predestinado—, que inventó la fórmula del *canard au sang*».

Según la web del restaurante parisino, Lecoq, «cocinero personal de Napoleón», ofició en 1830 y de ninguna manera le atribuyen el *paticidio*. Sí que correspondería a Delair, sin que eso se discuta, la contabilidad: desde entonces, los ánades se numeran y entregan al comensal un certificado cómplice. Es como el recordatorio de un funeral, con la diferencia de ser partícipes en el crimen.

¿Quién inventó la prensa y por qué, qué necesidad había de crear un artilugio con volante para un uso tan limitado lejos del gremio de los torturadores? En muchos oficios existe un aparato que permite sacar los jugos por estrujamiento, y este es solo una reversión de aquellos, pero seguro que ninguno está dedicado a un animal y, para más burla, soportado por unas patas que reproducen las del palmípedo.

El sadismo no es por machacar los huesecillos de un animal muerto y asado, sino por estrangular a un animal vivo.

La Tour d'Argent ni es una torre ni es de plata —aunque sí sus prensas, como la que fabricó la firma Christofle y se vendió en subasta por 40 200 euros en el 2016—, así que la idea del machacamiento se ha extendido ya sin el metal precioso.

En Barcelona, Oriol Ivern, de Hisop, se las ingenia con un instrumento para presionar chicharrones, que heredó de su tía, con el que saca las intimidades a un cabracho, pescado a la defensiva con sus numerosas espinas.

Fue el chef Jacques Le Divellec quien a principios de los ochenta, y en París, entregó un bogavante a la presión. Trasladado el crustáceo a Nueva York en primera clase, Thomas Keller le ha dado matarile en Per Se.

Una de las más sorprendentes aves *à la presse* que he comido tampoco lleva plata: un pichón curado en Dos Pebrots y que Takeshi Somekawa elabora sin asar, rociando el exterior con aceite de girasol muy caliente. El que me llevé a la boca tenía 13 días de reposo, los últimos tres, untado con *vi ranci*, miel, pimienta blanca y semillas de coriandro, «aunque lo ideal son tres semanas en la cámara».

Después, ante el cliente y con el aceite humeante, Takeshi repasa una y otra vez la superficie hasta que la deja como un barniz. Trocea el ave, corta tiras de piel, traslada las diferentes porciones a una bandeja y mete la carcasa partida con tijeras en el cajetín de la pequeña prensa de mano mezclado con *garum* de pichón («corazón, pulmones, sangre, sal... En un bote más de tres meses»).

Le da a la rueda (la de plata necesita a dos forzudos: uno sujeta la estructura; el otro gira el volante) y extrae un líquido marronoso: «Con más tiempo está más oxidado, más negro». Pudiera parecer que con esos manejos y sin tiempo de asado la cría de paloma estaría cruda, y no. La maduración ha transformado sus carnes dándoles esa textura que confunde. La salsa redondea una carne con tonalidades de madera antigua. Con un murmullo, la sal y la miel.

En España hay dos lugares en los que las prensas de plata siguen rodando: Via Veneto, en Barcelona, con el pato, y Horcher, en Madrid, con la perdiz; he probado ambos y sus sustanciosas salsas con sangre y consomé alado.

Pregunto a Pere Monje, el director de Via Veneto, sobre los ánades y el estrangulamiento al que no renuncian en Rouen: «Nuestros patos son un cruce de hembra barbarie y macho collverd, criados en semilibertad y con prácticas de buen trato animal. Los patos no son asfixiados, reciben una descarga eléctrica para dormirlos antes de sacrificarlos».

Hace más de medio siglo, Josep Monje, padre de Pere y *maître* de leyenda, buscó en La Tour d'Argent el modo de preparar la especialidad. En Via Veneto hablan de oficios semiextinguidos, como el del platero, que se ocupa del esplendor de las cinco piezas de metal noble que poseen.

Centelleos argentados, sanguinolentos ocres. El espectáculo de la muerte en un marco de plata.

MUERTE, PRISAS, OFICINA Y RACISMO
Sándwich de atún

I

Conocí poco al cocinero Jordi Gabaldà, fallecido con treinta y siete años en febrero del 2022, pero habíamos intercambiado llamadas, recomendaciones librescas y un proyecto, que ha quedado en silencio: un pódcast sobre la cultura del sándwich.

La última comunicación fue el 3 de diciembre, con la que anulaba la cita para la grabación porque dos miembros del equipo tenían covid. La pospuso para enero, «de cara al 15 de enero o así». O así. Pasó el 15 de enero. Ninguna noticia. En este caso, sin noticias era una mala noticia.

De una forma irónica, en aquel mensaje de diciembre aludía a su situación médica: «Solo me faltaría el covid. Ya tendría un completo». El completo. El tumor.

No quiero escribir un artículo dramático porque las conversaciones con Jordi nunca lo fueron. Mi asombro era el espíritu con el que afrontaba la enfermedad: la energía, el vigor, el buen humor. «Espero que todo esté ok. Yo, dándole, entre chute y chute», escribía en un *whatsapp*, aplicación a la que se había pasado en noviembre, después de ser un resistente del SMS.

En el pasado había comido en su restaurante de Sabadell, Contrast, tal vez un par de veces, no estoy seguro, pero hubo un desencuentro con una camarera, según el recuerdo de Jordi. Lo mencionó —ante mi olvido— cuando nos encontramos en junio del 2021 para probar el sándwich, el Fine Pastrami, con el que había ganado el Concurso de Bocadillos de Autor de Madrid Fusión.

La historia revestía particularidades: Jordi ya no tenía restaurante, distribuía desde tres locales de Sabadell mediante un repartidor en bicicleta, el bocata campeonísimo no se encontraba a la venta (aunque había llegado a un acuerdo de distribución con una marca cervecera) y participó en el certamen madrileño con un edema cerebral después de haber estado hospitalizado. En aquel momento el diagnóstico era una infección.

Publiqué un artículo, subió a su caravana con su pareja y socia y cómplice, la diseñadora Carla García, y se fue a dar una vuelta por la Costa Brava. Solo después supo que tenía cáncer. Lo anunció en su Instagram en agosto.

Lo de la bocadillería y Jordi, bajo la marca L'Immoral, era muy serio, aunque a lo Gabaldà, es decir, descreído, zumbón, relajado, punki y crítico. Conocía la fontanería de restaurantes selectos e incluso había trabajado en un *camping*, y decía haber aprendido tanto de las mesas con mantel como de las plegables. Porque lo que él quería era cocinar, y el contacto con la gente, con esa voz rota de capo, ahogada en la última llamada de teléfono como si le fallara la respiración.

Fue un cocinero con personalidad y oficio que no se dejó intimidar por los generales. Apreciaba lo que había entre dos panes como un género mayor al que prestar conocimiento, respeto y cuidado.

Un bocadillo no se resuelve desde la emergencia y con cualquier-cosa-dentro, sino desde el desafío, la conciencia, la planificación y el equilibrio. Hay que pensar el bocadillo desde el todo y las partes, fractal en el que en cada sección o mordisco está contenido el absoluto pero que, a la vez, permite reconocer el sabor de cada uno de los elementos de los que se compone.

Ser un *bocadilleador* no le parecía menos relevante que defender un tres estrellas, como había hecho en el pasado. La grandeza es pensar que no hay pequeñez.

Fui uno de los pocos que probaron el bocata ganador —hizo solo un centenar para los seguidores de su *newsletter*—, con capas de ventresca de atún ahumada, quesos cheddar y emmental, champiñón portobello, calabacín, espárrago, col china, salsa *teriyaki*, mostaza y mantequilla. Sí, uno de atún. Sí, uno de atún con vegetales. Sí, atrevido: pescado con lácteos. Sí, muy bueno.

Cuando en octubre me dijo que promovía un colectivo para orbitar en torno al bocadillo («creando contenido sobre cada uno de ellos, desde grabaciones con conversaciones con colegas del mundillo a programar eventos...») y me invitó a participar en uno de los encuentros, respondí que sí. Había enrolado a cámaras y sonidistas, y me alegré y me preocupé simultáneamente por el esfuerzo que requería un proyecto de esa magnitud en medio del tratamiento.

En la cita que nunca sucedió se había comprometido a preparar un sándwich de gasolinera, un sándwich de gasolinera que quedó en el aire como sugerente enunciado, con una mezcla de prisa, ignición y combustible.

II

En sus notas con dibujos, escribió: «Sándwich tuna de benzinera»,[3] «gasoil sándwich», apuntó también dando gas a la idea.

Sus instrucciones incluían un «packaging de benzinera» y la receta que el crítico Craig Claiborne (1920-2000) hizo para *The New York Times*, que la mantiene en la web

---

[3] Gasolinera.

con el enunciado *classic tuna salad sandwich*, que sirve de referencia para los amantes del género graso y que se recibe como canónica: atún, mayonesa, apio, cebolla, pimiento rojo, alcaparras y limón, una combinación tan válida como cualquier otra, incluso sorprendente porque es raro el pimiento rojo, con un importante club de *pimientofóbicos*.

La construcción de Jordi era más completa y compleja: atún natural en conserva (entiendo que es un atún casero confitado, pero eso no lo especifica), aguacate, cebolla tierna, tomate, queso cheddar (por ahí iríamos hacia el *tuna melt*), mantequilla, huevo duro, aceite de oliva, mostaza, *sriracha* y perejil.

Sándwich doble metido en un triángulo de plástico, de esos que, efectivamente, venden en las gasolineras como emergencia para conductores famélicos y en las máquinas de *vending* para suicidas de oficina.

Es también un alivio habitual en los aeropuertos para desayunos tempranos o comidas tardías, sobre bandejas marrones cubiertas con un tapete de papel, a precios de última cena y cobrados por antipáticos (¿por qué son tan antipáticos los trabajadores de los restaurantes aeroportuarios?), en todos los casos, semillero de aditivos.

La propuesta cachonda y fresca de Gabaldà proponía el empaquetado triangular, que sirve de reflexión sobre la comida muerta en una atmósfera protegida. La industria entierra a los vivos. Es un recurso de botiquín: lo mejor es no tener que usarlo.

No hay manera de saber cuándo nació el sándwich de atún, que necesita de tres amigos: pan de molde, pescado en conserva y mayonesa de bote, es decir, elementos tuneados (*tunados*: chiste) para desafiar al tiempo, sobre todo la lata, antesala de la eternidad.

Encuentro textos que sitúan el origen en California, a principios del siglo XX, en una industria conservera que, ante una crisis en la captura de sardinas, encontraron alivio con el atún blanco (*Thunnus alalunga*).

Se cuenta también que ese bocata contiene unas lonchas de racismo, puesto que fueron pescadores japoneses trasladados a las aguas californianas quienes conseguían las mejores capturas —y tenían fábrica y barcos—, y tras el ataque a Pearl Harbor fueron desposeídos de las propiedades e internados en campos (como narra Mari Uyehara en la web *Taste*). Las historias sobre los alimentos son difíciles de digerir.

Apreciado por la rapidez y la facilidad de la elaboración y el almacenaje de sus ingredientes, es alimento de oficinistas y obreros y de todo aquel que, por ahorro de tiempo y dinero, tiene que papear en el lugar de trabajo. Comida desplazada que evita desplazamientos.

Ironía máxima: en muchos mostradores es posible ver un bocadillo de túnido con lechuga y tomate, y un cartelito descacharrante que dice «sándwich vegetal», lo que da al atún propiedades mágicas.

Llegados al final, mi versión, estimulada por el recuerdo de Jordi Gabaldà, con el pan tostado y sin bordes, con tartar de atún rojo (*Thunnus thynnus*) y guacamole, combinación sobre seguro después de que en 1984 el *sushiman* Shigefumi Tachibe amontonara, en Chaya Brasserie, en Los Ángeles, restaurante ya cerrado, dados de atún sobre rodajas de aguacate.

Miles de cocineros lo siguen haciendo hoy henchidos de modernidad sin saber que es una antigualla con cuarenta años. Y es una venganza japonesa e inesperado homenaje, sin salir de California, a aquellos pescadores a los que encarcelaron por su procedencia y color de piel.

LA ESTRELLA QUE HOLLYWOOD ESPERA

Lamprea *à la royale*

Coincide el estreno de la segunda temporada (inacabada y última) de *Raysed by wolves*, el drama futurista de Ridley Scott en HBO, con la temporada de lamprea y con epicentro de la captura y degustación en Galicia. Las bestias que gobernaron en el pasado el planeta donde transcurre la acción de *Raysed by wolves*, con una desasosegante mezcla de tecnología e imaginería religiosa, culebrean hacia el ser que cita Gayo Plinio Segundo, aunque de forma muy confusa, en su *Historia natural*, allá por el año 77, y con un origen tan antiguo que debiera haberse extinguido.

Chupasangre, se engancha al cuerpo de grandes depredadores como el tiburón en otra imagen terrorífica que alude a ficciones, a novelas, series y películas de monstruos. Serpiente de mar, escudero del demonio, colega de Moby Dick. Lamprea contra Godzilla, la lamprea de arena de *Dune* o el siniestro agujero dentado en otro astro desértico, el Tatooine de *La guerra de las galaxias*. Bocas horrendas para ser succionados eternamente en una tortura sin fin. Tiene esa clase de cuerpo que señala castigos. Inspira a Hollywood sin que Hollywood sepa de su existencia.

Hay una cocina de la desesperación, formada por ingredientes a los que se accedía desde la absoluta necesidad alimentaria, en la que se incluyen bocados exquisitos y caros en las cuentas actuales, como la ostra o las huevas de pescado (caviar), otros asequibles, como los caracoles; en común, físicos resbaladizos y gelatinosos.

La lamprea ha formado parte de esa dieta de famélicos, aunque hoy, por rara, por escasa, por difícil de encontrar fuera de Galicia, por ambigua entre carne y pescado, por sangrienta, por teratológica, tiene escaso predicamento. Y, sin embargo, es todo eso lo que me llama de ella y el motivo por el que me siento en Topik, el restaurante de Adelf Morales y Eva Melé, en Barcelona, uno de los poquísimos de la ciudad en que guisan a la novia de Drácula, con Nairod, Rías Kru, Carballeira o Hermanos Torres.

Me interesa de Topik que circula por caminos propios y sé que habrá anguila —y esa proximidad con la lamprea, la morena y el congrio, aunque no son familia— y habrá liebre y habrá becada y habrá pichón y habrá grouse y habrá pato azulón y habrá perdiz. Lo salvaje se reivindica, pero no se aplica: hay una llamada a lo indómito, aunque el refugio es la piscifactoría y los ingredientes trillados.

El erizo con trufa de Soria, gambita blanca de Tarragona y salsa *ponzu*.

El pichón, inspirado en el restaurante Lera, con *kale*, colmenillas y judiones, despiezado en la sala, tierno, con la justa acidez del vinagre para que los pelos no se pongan de punta.

La becada ¡con pulpitos!, inesperado vis a vis entre la picuda y la miniatura. Sugieren un sake, Kenbishi Zuisho, y me apunto a esa combinación desde el ¡viva!

Diríamos que el mismo cliente de la becada o el pichón es el de la lamprea: Adelf lo reduce a unos cincuenta individuos, también en peligro de extinción («gente con experiencia», dice el chef).

La prepara con carácter, *à la royale* (*à la royale* a su manera claro), pensando en la liebre, guisada con vino y desmenuzada y mezclada con *botifarra del perol*, «para que sea más accesible». Accesible al paladar, porque después de todo lo dicho, es, además, un plato difícil, potente, bravío, sanguíneo, metálico, desconcertante. Otros años la hizo con chocolate, mezcla decimonónica (en *La cuynera catalana*, recetario del 1835, hay tres recetas, dos en cazuela y una *al ast*) o el modo habitual, a la bordelesa.

La lamprea me gusta en cuanto anomalía. Según los biólogos es un ser prehistórico, el mismo de hace 400 millones de años. ¿Acaso no merece entrar en la próxima película de ciencia ficción de Ridley Scott? Estos son los (discutibles) atractivos del plato más feo del mundo.

UNA BELLEZA PELIGROSA

Erizos al natural

El primero o la primera que comió un erizo demostró su desesperación. Una bola repleta de púas difícilmente podía hacer atractivo el contenido o, al contrario, la mente especulativa sospechó que tanta protección solo podía preservar algo valioso.

En otras posibilidades con cerrojo como las ostras, el exterior era más amable, aunque las conchas reprodujeran las rugosidades geológicas. La ostra parecía cargar con el tiempo. Ambas debían ser a los ojos de los primeros humanos parte de la roca y solo la atenta observación determinaba que aquellas inmovilidades a la defensiva tenían vida.

El caracol también forma parte de la despensa inverosímil. ¿A quién se le ocurrió que una babosa estaba buena? Y las angulas y las trufas, los ojos ciegos de la tierra. Los caracoles y las angulas, además, están faltos de sabor y necesitan aliños que compensen. Siendo ambos seres que solo ofrecen textura, unos tienen prestigio y otros desprecio.

Soy más comedor de caracoles que de angulas, por culpa del precio, y solo desde una visión económica puedo entender que los alevines de la anguila originen expectación, y los seres arrastrados, congoja. Sería al revés si intercambiaran los precios. Puede que sea también una percepción psicológica en la que intervenga la baba y la sospecha de que el caracol aporta más suciedad que entusiasmo. Y es falso, porque a ningún otro ser vivo se le aplica el verbo «purgar». Parece una venganza inquisitorial contra el gasterópodo.

Regreso a los erizos y a un tema puntiagudo: ¿hay que comerlos cocinados o al natural? El modo original es el segundo. La tradición en los puertos del Alt Empordà, en Catalunya, es abrirlos y atacar las gemas del interior con pan y un trago de un vino que en el pasado fue rudo tal vez por el azote de la tramontana.

Así se hizo desde el inicio de los tiempos, cuando ni siquiera existía el pan, y así los comí en el Motel Empordà, en Figueres, hotel de carretera que fue cruce en la fundación de la nueva cocina catalana allá por los años setenta.

Lo abrió Josep Mercader y desde la temprana muerte en 1979 está en manos de Jaume Subirós, su yerno. En la última comida repetí clásicos como las habitas con menta fresca, de la carta desde 1973, o ese ejemplo de alta cocina pobre que son las raspas de anchoa rebozadas. Y hubo, claro, erizos. Llegaron con la peligrosa belleza que los caracteriza, abiertos por la mitad. Los colores variaban del naranja al negro, pasando por algún rojo de labios pintados. Quien no lo sepa, se lo descubro ahora: lo que se come es el aparato reproductor.

Puede que nos confundan la estética y el sabor a concentrado de mar, pero no recibiríamos con el mismo alborozo unas criadillas de toro, como ya expliqué.

La casualidad temporal me había llevado unos días antes a otro histórico, El Racó d'en Binu, en Argentona, uno de los restaurantes más misteriosos. En 1979 en España solo había cinco establecimientos con dos estrellas y ningún triestrellado, y El Racó fue uno de ellos. Después los gastrónomos lo olvidaron y lo dieron por enterrado.

Allí, Francesc Fortí prepara un hojaldre de campeonato. Uno de los bocados imprescindibles son los erizos: «Glaseados, que no gratinados», insiste el chef ante la perplejidad del cliente. Las semiesferas espinosas llegan a la mesa con una gota de salsa holandesa en el centro. Se considera que Fortí fue de los primeros en sacarlos calientes

—habría que estudiar la cronología—. Asegura con la vehemencia de los viejos maestros que no lleva lácteos.

El erizo es un ingrediente a la defensiva. Una vez abierto, ofrece con lujuria sus partes más íntimas. Tendría que ser un plato para amantes.

EL PEZ MARATONIANO CON DOS VIDAS

Allipebre de anguila, angulas

La anguila causa rechazo a algunas personas por la similitud con la serpiente, y la carga religiosa que lleva en el lomo, y no digamos la morena, que, además, está bien surtida de dientes y tiene un rostro que perturba. Sin embargo, la cocina japonesa la ha rehabilitado, sacándola de la tradición local, de los *xapadillos*[4] y guisos propios de los lugares de agua de los que procede, de deltas, marjales y ríos, hasta darle esa estética con brillo que aceptan los ojos temerosos. Montada en arroz, los aprensivos olvidan lo resbaladizo de su comportamiento y el cuerpo de látigo.

Acepto la anguila en todas sus formas, aunque apenas la cocino y nunca la he manipulado entera. La he comido con fideos, con arroz, como *nigiri*, como *allipebre*, a la brasa, ahumada… Trabajarla es tarea de cirujanos, según leo en un libro de cocina japo: tras doce horas en hielo, hay que clavar la cabeza en una madera como si fuera una advertencia para enemigos, cortar al final para meter el cuchillo, abrir completamente, sacar la espina y los laterales.

Nada dice de lo baboso del manejo, con esa mucosidad que la cubre. Eso lo sé bien porque de niño la pescaba en el río Millars, en Vila-real. Mi hermano Xavier y yo fuimos pescadores en miniatura a finales de los años setenta, principalmente de río y únicamente de anguila. Intentábamos enganchar al *black bass*, por el nombre rotundo, pero jamás lo conseguimos. Descartábamos los barbos por su carne

---

[4] Anguilas secas.

fangosa. La anguila sí, aunque a mi madre no le gustaba cocinarla y la derivaba a una de mis tías. Sin embargo, casi siempre devolvíamos el ser culebreante al río porque en casa no le daban salida culinaria.

Caminábamos por la orilla y en un rincón semioculto que conocíamos bajo árboles frondosos dejábamos anzuelos con *pasteta*, una mezcla a base de pan y pimentón, con la ilusión de ver las capturas a la mañana siguiente.

Creo que con ese sistema no atrapamos ni una, a diferencia de con las cañas, primero de bambú, artesanales, y, después, lanzadoras de fibra de vidrio. Desde lo alto de una roca, probábamos suerte encomendándonos a la lombriz que servía de cebo. Si teníamos la suerte de que se enganchara una, el trabajo era sacarle el anzuelo, intentando no clavárnoslo, y meterla en el zurrón, porque seguía viva y cimbreante. Más de uno de aquellos cinturones enloquecidos se liberaba y saltaba al Millars sin estilo olímpico.

La pesca acabó cuando secaron el río. En el lecho fluvial quedaron algunos charcos, donde agonizaban los peces. Se retorcían impelidos por la falta de oxígeno. Nunca más hubo anguilas.

Prodigiosa, la aventura marina de la *Anguilla anguilla* sigue siendo tan apasionante como increíble. Deberíamos respetarla como a una diosa del deporte, porque es la maratoniana del reino animal. Durante 11 meses, viaja miles de kilómetros hasta el mar de los Sargazos, esquina Triángulo de las Bermudas, para desovar y morir, con una visión trágica de la vida. El mar de los Sargazos evoca aventuras, naufragios y monstruos, y es el mayor cementerio del pez teleósteo.

Lo que sigue a continuación es aún más asombroso, porque la cría, una cabeza de alfiler, hace el camino inverso para regresar al río de sus ancestros, con la dirección imposible grabada en algún punto del ADN y sin Google Maps.

Es la angula, que en un giro inesperado de guion alcanza otro precio en el mercado, entre los setecientos y mil euros el kilo, y tiene el lomo blanco o negro —la espina incipiente— si ha sido capturada en agua salada o ya en agua dulce, es decir, iniciando la remontada. Prohibida la comercialización fuera de la Unión Europea, los contrabandistas se arriesgan a enviarlas a China para su engorde, donde aprecian más el estado adulto.

¿Quién piensa en la epopeya de la criatura al llevarla ociosamente a la boca? Es una épica que merece admiración, pausa y respeto.

CHAMPÁN PARA EL MÁS EXTRAVAGANTE «MAR I MUNTANYA»

Anfós amb porcella

«Opulencia, opulencia», repitió un par de veces el cocinero Andreu Genestra, al frente del restaurante con su nombre en el Hotel Zoëtry, en Llucmajor. Se refería al último plato del menú que había decidido para aquella mesa imperial frente al mar de Mallorca el primer día de la primavera, con un cielo de cristal que podía romperse en cualquier momento.

Una temperatura idónea para comer al aire libre bajo un árbol que, pese al grueso tronco y el aire de senectud, era improbable que hubiera conocido a Ramon Llull, quien creó el monasterio de Miramar casi 750 años atrás, la singular propiedad en la que sucedía el banquete, patrocinado por el champán Krug, fundado en Reims en 1843.

Solo 29 años antes, el archiduque Luis Salvador de Austria adquirió la finca, que todavía alojaba una reproducción del camarote de su embarcación, Nixe. Mucha historia, pues, toneladas de historia y excitación, como la del plato aún no contado.

Los jefazos de Krug, casa de la burbuja redonda (un pleonasmo, sí), habían elegido el limón como ingrediente del año y en la *possessió* de Miramar, ahora propiedad de Toni Sevilla, productor de televisión, había limoneros, y había limones en la mesa y había limones en diferentes rincones, algunos, llegados de Palmera, Valencia, de la fundación Todolí Citrus, donde Vicente Todolí, director de museos, tenía plantados quinientos cítricos.

Antes de la comida y del champán sin fin, Vicente dio una clase magistral y facilitó probar peculiaridades: amarillos con sabor a ostra o a vainilla, albedos comestibles para paladares desconfiados. ¡Morder un limón! O que los limones fueron el origen de la mafia siciliana: un cuento para otro día.

En el cuento del día, en la historia del día, la cartulina con la descripción de los platos, tres palabras: *cochinillo con mero*. ¿Cuántos advirtieron la excepcionalidad? *Anfós amb porcella*. Un mar y montaña, cierto, tal vez el más extravagante, porque el cerdito y el pescado eran cuerpos sin vínculo, sin olla o jugo que los asociase.

Días después, por teléfono, con la combinación haciendo ding-dong en el cerebro, llamé a Andreu en busca de respuestas: «En la receta tradicional, el mero se coloca debajo. Encima, el cochinillo, con la piel hacia arriba, lo que facilita que los jugos y la grasa caigan encima del pescado. Una cosa opulenta. La máxima expresión de nuestra cocina».

Busqué el origen. Un misterio. En el *Art de la cuina*, de Fra Francesc Roger (1706-1764/7), considerado el primer libro culinario de las islas, no aparece: hay tres recetas de *porcella* y una sopa y unas *pilotes de anfós*.

De forma inteligente, y según una segunda fórmula documentada, Andreu reunió disparidades: rellenó la lechona, *porc negre* de Can Company, de 21 días y unos cinco kilos y medio, con el pescado. *Anfós* negro hay poco y, menos, que pese unos cuatro kilos.

Si comprar una pieza así necesita de contactos y favores, clavar el tenedor en un mar y montaña fuera del tiempo es ya una misión del departamento de objetos perdidos. ¿Cuántos restaurantes de Mallorca lo llevan a la mesa? ¿Uno, dos, tres? Y por encargo.

Seguí en busca de pesquisas y, vía el propio Andreu, llegué hasta Tomeu Arbona, repostero (Fornet de la Soca) y arqueólogo gastro, que dio otra pista, que confirmaba la ausencia de… pistas: «Se ha ido preparando por tradición oral. Sin ninguna duda, es un plato medieval, aunque no es conventual, sino de las casas señoriales». Perfecto para Miramar, donde, según la época, hubo clérigos y hubo señores.

En el plato, las texturas: el *crec crec* de la corteza, la carne fundente del mamífero y la marina, en su punto. Lograr los tres momentos era tarea de equilibrista. Para unir naturalezas, una salsa *kebab* en un juego ya de locos.

Comíamos huevos de oca recogidos por el padre de Andreu, que se llamaba Andreu, como Andreu se llamaba el nieto, y comíamos raya a la mantequilla de limón y bebíamos Krug Grande Cuvée 171 Édition.

El enólogo Jérôme Jacoillot había explicado el modo de ensamblar, que no se basaba en los vinos del año, sino en una mezcla de los mejores: «La base es la de la vendimia del 2015; el vino más antiguo, el de la vendimia del 2000. En cada botella, hay de 131 vinos distintos y de doce añadas diferentes. Hace diez años que trabajo en Krug y mi primera añada será la del 2028».

Fe, paciencia, Ramon Llull, el archiduque, el limón y el champán. Y el enigma, sin resolver, del cuándo y el porqué del *anfós amb porcella*.

LEJANO Y SALVAJE, PALOMARES Y TUMBAS

Lentejas con pato y escabeche de pichón

En la llanura de Tierra de Campos, con la última luz de septiembre despidiéndose entre desmayos dorados, dos perfiles de colores siena: el de un palomar y el del cocinero Luis Lera Collantes (Zamora, 1977). A un lado, otro palomar y, detrás, a lo lejos, más albergues para alados, y, a la izquierda, algunos en ruinas, sin techo, erosionados por la lluvia y el tiempo y el olvido, testimonio de cuando las palomas volaban con el mensaje del hambre.

En otros lugares, son los palacios los que atraen las miradas, vestigios del poder, nostalgias imperiales, y aquí la sobriedad útil de esas edificaciones cuya gloria es la carne. Y la mierda seca, el palomino: de ese modo las palomas conquistan las estatuas de los generales.

En la estepa sin fin, donde la tierra es plana y no redonda, cientos de palomares forman una arquitectura insólita, casas con decenas de ojos y misteriosos interiores laberínticos y en penumbra en los que habitan las aves y sus polluelos.

El objetivo de máximo interés son las crías, aunque también los especímenes adultos tienen gran atractivo en la cazuela: pimiento relleno de paloma bravía, una flecha roja que Luis pone a volar en su menú.

El viajero sin información, ignorante de la exquisitez cuyo mayor especialista es Luis, puede especular qué son esas construcciones que adoptan muchas formas, aunque la más común es la redonda, y que se esparcen por aquí y por allá sin que sea posible atinar cuál es la función. Casas sin ventanas, solo agujeros, que miran hacia dentro y no hacia fuera.

Grillo, el foxterrier, salta, escarba, nervioso y atento, un blanco en el suelo seco.

—Siempre he tenido un foxterrier. Grillo es el quinto. Y galgas. Tuve mi primera galga con ocho años. No me la dejaban tener en casa y la acogió una vecina. Yo iba a darle comida todos los días. He tenido unas treinta galgas.

No se me ocurre preguntarle dónde están enterradas. Qué se hace con el amor.

En el cercado de su casa, junto al restaurante Lera y el hotel, las tres galgas actuales. El caballo, compañero de montería. Y los burros. Burros altos, contundentes. Y las viñas. Bajo las raíces de Castroverde no hay nada. Está vacío.

Castroverde está soportado sobre el aire. Se desvelará después el misterio.

—¿Por qué hembras?

—Son más regulares.

Se refiere a la caza. Creo que se refiere a la caza.

La modalidad preferida de Luis es la caza con galgo, sin armas. El arma es la galga. A pie, el cazador tras el perro y la liebre, ambos como impulsados por tirachinas. O a caballo, para seguir la carrera de los meteoros, a veces mortal, a veces no. He visto los vídeos y cómo el caballo tiene una agilidad de bípedo, y qué recortes y cabalgadas. A Luis le agrada salir de caza, no necesariamente cazar. Las botas en la tierra rota de los trigales.

—Cazo con mi primo Abel. Hoy hemos caminado veintiséis o veintisiete kilómetros y no hemos cazado nada.

La liebre ha ganado al galgo y Luis está contento. Le interesa la deportividad, el lance.

—Fuimos niños de la calle, pasábamos las tardes en la calle. Y más yo, con los padres en un negocio de hostelería.

Jugábamos a la peonza, a las canicas, al fútbol. Cazábamos pájaros, poníamos trampas a las palomas, pescábamos cangrejos de río... Cangrejos americanos. Nunca he conocido los autóctonos.

Lera es un restaurante sobre la caza —¿cuál es la preposición? ¿de, con?— y los cangrejos entran en esa categoría que requiere de la pericia de quien los captura, así que forman parte del plato titulado *Sopa avahada con cangrejos de río y pato ahumado*. La sopa avahada podría confundir por su exótico nombre, pero es agua con pan al estilo de Castilla.

—La conocí hace pocos años. Un plato muy antiguo que saqué de un libro de recetas de Palencia.

Este texto que lees puede tomar dos caminos. Una senda —con piedras que dañan los zapatos— es la reflexión sobre cómo somos expertos en lo lejano (la cocina japonesa, por decir algo) e ignoramos lo cercano (esas sopas de pan).

El otro ramal posible es continuar al lado de Luis y de Grillo. Elijo el paseo por su vida al ritmo de las palomas.

Antes del restaurante Lera, existió el Mesón El Labrador, a donde Cecilio Lera trasladó en 1973 lo que había aprendido en Suiza. Huérfano de padre, una de sus hermanas mayores lo acogió en Ginebra y lo matriculó en la escuela de hostelería. De regreso a Castroverde, la mezcla de la cocina terracampina y la centroeuropea, el conejo guisado y el pollo al ajillo, la terrina y la mantequilla, colocaron el mesón en un lugar eminente, sobrepasando los límites de la provincia.

Cecilio enseñó a cocinar a su mujer, Felicísima Collantes, conocida por todos como Minica. Cecilio, que ha sido alcalde durante décadas y ha tenido una turbulenta vida no exenta de cárcel, desaparece de esta historia, no así Minica, la cocinera que más ha influido en Luis, y eso que sus maestros tuvieron las chaquetillas condecoradas en territorios bendecidos gastronómicamente: Hilario Arbelaitz (Zuberoa) o Abraham García (Viridiana) o el ya fallecido Luis Irizar, en cuya escuela donostiarra se matriculó. Esos años fueron los únicos de su vida en los que no tuvo perros.

—Cuando volvía, mi primo Abel me dejaba los suyos.

Durante mucho tiempo, Castroverde fue un sitio al que volver, pero no en el que quedarse. Cuenta Luis que a los niños se les educa para que no regresen a la tierra plana, al horizonte sin fin, a la estepa punteada por los palomares, donde los veranos son a la parrilla, y los inviernos, polares. «Estudia y vete», eso les dicen. En Castroverde de Campo hay menos de trescientos habitantes. El restaurante Lera, su existencia, es un milagro.

—Siempre volvía y ayudaba en casa.

Junto a Minica, el alma del Mesón, la que hacía las facturas, la que hacía los guisos, la que no tenía protagonismo, siendo la protagonista.

Minica dice que, de niño, le daba a Luis aves para desplumar. Era una forma de tenerlo bajo vigilancia y apartarlo, aunque fuera durante unos momentos, de la vida al aire libre y de las rodillas desolladas. Tenerlo un instante a su lado.

—Desde pequeño, yo ayudaba, estaba en la barra, limpiaba, hacía recados. Nunca me picó la curiosidad por la cocina. Pelaba ajos, cebollas. Pensaba en la calle, no quería estar tantas horas encerrado.

La aventura, el cielo limpio e inabarcable, la llanura limpia e inabarcable. En Tierra de Campos, el cielo y el suelo solo se diferencian por el color.

Iba al País Vasco y volvía. Iba a Madrid y volvía. Iba al extranjero en actos promocionales de cocina de Castilla y León y volvía.

—Nunca fui completamente libre.

En Zuberoa, una verdad le perforó la mente: si los vascos defendían sus ingredientes, lo propio, lo identitario. ¿por qué él no podía hacer lo mismo con los suyos?

—De Hilario aprendí tesón, honestidad, esfuerzo. La primera vez que vi que la cocina rural era posible fue allí, que se podían defender a ultranza tus ingredientes. Desde que tengo uso de razón siempre vi caza en casa, pero también servían almejas a la marinera, entrecot o pulpo a la gallega. No había una búsqueda.

A eso ha dedicado su vida: a la búsqueda. La caza es una búsqueda, la de la presa, por supuesto, aunque no solo eso. Lo tenía ante sus ojos y todavía estaba ciego. Luis era cazador, el oído fino, la mirada larga: y no veía. Intentaba ser él en la cocina del mesón, que era la cocina de otros. Probaba con una pasta con pichón, con unos morros rellenos de pintada, con un helado de azafrán. Aceptaban los platos, las ideas, a regañadientes. El tiempo de Luis aún no había llegado.

—Aquí es difícil que te den la razón en algo.

Varias veces habla del carácter de este lugar, de la dureza y de la soledad y del aislamiento. «Austero», resume.

—Te empapas de esa austeridad. Pocas cosas invitan a que te quedes.

En la conversación, el pichón sale otra vez a escena, el símbolo de la cocina terracampina, dice. Por el momento, dejémoslo ahí, sostenido, aunque recién nacido no vuela, es ciego, la boca ansiosa y tenaz para que la madre le dé la papilla.

Vayamos enseguida a Toro, a 60 kilómetros, donde un cliente del mesón le ofreció un local, «un palacete», en el que debutar como cocinero.

Tenía veintiséis años y hambre. Fue Lera. Fue el primer Lera y tuvo éxito y tuvo clientes y tuvo que cerrar cuando el precio del alquiler lo expulsó.

—Te dicen: «Eres un fenómeno». Te gusta lo que oyes... Aprendí mucho, me equivoqué mucho, desacerté. Aprendí que cuando eres joven hay que disfrutar de la vida y no cargarte la mochila. Ganábamos poco dinero y la renta era altísima. El día que cerramos aún serví cuarenta cartas.

Entretanto, en Castroverde, Cecilio, que regresa brevemente a esta historia, se había metido en un lío descomunal al edificar un hotel que se comía los ahorros y casi el restaurante familiar.

—A mi padre no hay que quitarle mérito, pero nuestra relación está rota. No me hablo con él.

Era el 2008 y la crisis enseñaba los colmillos de león. También es la hora de Natalia Fernández, la pareja de Luis, la socia de Luis, en aquel tiempo, todavía archivera, y la persona que da orden y sistema a la mente creativa.

—Natalia es la serenidad, la fuerza, la inteligencia.

La situación era la siguiente: el Lera de Toro había cerrado y Luis regresó, una vez más, a casa. Se trataba, no lo sabía aún, de la definitiva.

—Era un mal momento económico de los padres. La obra nos hipotecaba. Seguí con la misma carta del Mesón para sacarlo adelante. Era una culinaria de subsistencia.

Temporalmente, Luis dijo adiós a sí mismo con la intención de salvarlos a todos. El hotel crecía y el dinero menguaba, y la decisión fue inapelable: había que cerrar el Mesón El Labrador para relanzar Lera en el hotel, llamado entonces La Senda de los Frailes, que da nombre al vino que elaboran.

Lo bebo esa noche, en un reposado tentempié, en compañía de un escabeche de conejo y perdiz, y es recio y entonador y habla del lugar en el que estamos.

Las viñas están junto al restaurante y al hotel y a la casa donde viven Luis y Natalia, y a los galgos y a la cuadra de los burros y el caballo. Debajo, debajo de toda esa comunidad, las bodegas, el enigma de Castroverde.

—Había mucho miedo a cerrar algo que funcionaba, pero o mataba el mesón o no tenía nada que hacer. Necesitábamos dinero, así que presentamos 16 planes de negocio a 16 entidades. Todos los bancos nos cerraron las puertas.

Hoy, cuando Lera es un faro de la cocina cinegética, alguno de esos bancarios tiene la osadía de pedir mesa.

El dinero llegó de la familia, de una prima y su pareja, y de un préstamo que le dieron a Natalia, y con el impulso mínimo pudieron abrir «un pequeño comedor». Quien conoce las obras y las ampliaciones y cada metro de la casa, recorridos un millón de veces, es Ramón Blas González, el jefe de sala, con más de treinta años de servicio con los Lera. Adrián Ferrón, a los vinos, es un fichaje más reciente: insiste en que bebamos León, Pricum Paraje de El Santo 2013 y Pricum Valdemuz 2013, la uva prieto picudo en esplendor, y bebemos León.

Con Adrián bajamos a la bodega, el territorio oculto. No es una bodega al uso, ese espacio frío en el subsuelo de los restaurantes, sino la entrada al centro de la Tierra. Un buen número de escalones, que hay que pisar con cuidado, llevan a lo profundo. Castroverde, como dije, está construido sobre el aire. Decenas de espacios similares a este la recorren como intestinos: fueron lugares de almacenamiento, para los alimentos y para las botas de aquellos tintos que encendían los estómagos con antorchas, aunque también refugios climáticos para combatir la inclemencia exterior, los fríos y los calores extremos.

Muchas bodegas, descuidadas, se han hundido; otras, como esta, siguen siendo útiles. A veces hay derrumbes y alguna casa se viene abajo. Un día aparece una hormigonera, que vierte el cemento y borra el pasado. Esta topografía sin mapa dibuja un pueblo confidencial. Afuera, se identifican por las chimeneas, que sirven de respiradero para aliviar los peligros del oxígeno aprisionado.

Sin embargo, la mayor es otra y privada, la que cubre la distancia entre el jardín del hotel y la vivienda de Luis, con un túnel picado a mano a la manera de los calados riojanos y una prensa de madera centenaria que se diría manejada por gigantes. Impresiona ese refugio para estos tiempos atómicos.

Castroverde y sus bodegas y sus palomares están cerca de ningún lado, a 250 kilómetros de Madrid, 70 de Zamora y a casi 90 de León. No es un sitio de paso ni donde caer accidentalmente: es el destino final. Con engorrosa combinación de transporte público, sin atractivos turísticos convencionales ni capacidad hotelera masiva: el coche, la previsión, la reserva de cama con tiempo y la paciencia son los aliados. Y, sin embargo, vencida la pereza, cada año, miles de comensales atraviesan la tierra sin fin, el horizonte que hiere los ojos y el aburrimiento del conductor en carreteras monótonas para presentarse en esa nada.

No es nuevo el turismo gurmet, que inventaron los hermanos Michelin en 1900 para vender ruedas, pero sí la variante local y el momento: algunos de los más atractivos destinos gastronómicos se encuentran en lugares donde la riqueza es esquiva y en los que los artífices han renunciado a los códigos del lujo y los ingredientes consensuados y previsibles para ofrecer, a cambio, singularidad. Personalidad, singularidad, diferencia, particularidad, especialidad: la *nueva* cocina bebe de lo antiguo y de lo último, y sin complejos ni reproches salta sobre la hoguera y sobre la cocina al vacío, según la necesidad.

La expresión más cautivadora del movimiento ocurre fuera de las grandes urbes, con restaurantes insertados en el paisaje, que no lo es, porque el paisaje es un deseo del urbanita, y para quien lo vive es lugar de trabajo y resistencia. El paisaje, la idea del paisaje, es vitamina para el ocioso.

Cargar sobre esos restauradores un exceso de responsabilidad puede quebrar espaldas. Pero a veces, y solo a veces, son la máquina que tira de la economía local o el banderín en el mapa de lo desconocido, que sitúa y atrae miradas. «Aquí estamos, vengan a visitarnos, consuman nuestros productos», dicen, con las manos en la boca a modo de amplificador. Lera, sin duda, es una bocina.

Antes he escrito «presentarse en esa nada» y eso solo lo puede decir quien no sabe ver. Es una nada muy rica para quien esté vigilante. Hay que estar atentos a la liebre, a la perdiz, a la codorniz, ocultas a las miradas superficiales y disponibles según la competencia de los galgos.

Los trigales —esta es una zona cerealista, que da un pan con la corteza solar y la miga densa— son el refugio. Luis, la serenidad y la escopeta, el cazador sin prisa. Y con la experiencia de otros ocho cazadores es capaz de llenar las despensas de sangre y abundancia. También los congeladores: disponer todo el año de caza significa conocer el bajo cero, y no solo como recurso de conservación, sino de transformación, puesto que la baja temperatura rompe las fibras de lo salvaje hasta domarlo.

En Lera congelan y marinan, a veces, con las enzimas de inesperadas frutas, como la papaya, y cocinan con agua para que los caldos no unifiquen ni alteren el sabor y las propiedades de cada uno de los elementos. Y recurren, si es necesario, a lo lejano, en técnicas e ingredientes, a curris y moles y lecitinas y sifones, que no son protagonistas sino escuderos.

—Para conseguir un 95 % de sabor terracampino. Y con una idea de caza radical.

En la mesa de Lera, en este septiembre que saluda a octubre, la lechuga entreasada con ciervo, la ostra con lengua de jabalí escabechada, el conejo de monte con níscalos y habitas, las alubias con liebre, la codorniz guisada, la perdiz con almendrucos y aire de almendras, el corzo con saúco. Cientos de kilómetros para conocer las lentejas con pato y fuagrás.

¿Qué amigo le dice a otro: «Vayamos a Castroverde, en Zamora, a por un plato de lentejas»? O a por un plato de alubias. Y sí, eso sucede. Las lentejas son el nuevo lenguaje de la vieja vanguardia.

Y el pichón.

A lo largo de una vida gastro he comido decenas de pichones, puesto que es un modo refinado de acabar una comida, un infanticidio con tradición en los comedores con prosapia. Y puede que haya sido en Lera donde, por primera vez, lo haya tomado de procedencia salvaje. No se nutren de las granjas, sino de esos palomares que, algún día, echarán a volar el turismo en Tierra de Campos.

Varias de las construcciones —hay más de dos mil— superan los dos siglos de antigüedad, «algunas con trescientos o cuatrocientos años», dice Luis, un patrimonio que, sin el adecuado mantenimiento, se deshace: la tierra se integra en la tierra.

Mientras, el insustituible pichón.

—Vendemos unos diez mil al año. Todos los pichones de todos los santos días pasan por mis manos.

Luis, cuenta, es un «maniático» y quiere compensar el esfuerzo de los comensales aplomados por el kilometraje con el liviano trofeo. Un polluelo con cuatro o cinco semanas que pesa unos ciento cincuenta gramos, servido entero sobre un escabeche ligero. La elegancia y, a la vez, la crudeza, el animalillo centrado en la diana de la salsa.

Limpiar la carne con parsimonia, reconstruir, ordenadamente, la arquitectura de huesos en el borde del plato.

—Por ahí es más fácil encontrar en las cartas un atún que un pichón. Estamos en una estepa cerealista con una ganadería que se alimenta sola.

Tiene razón: la gente huye del campo y se le propone volver a lomos de la avecilla excepcional. Luis intenta poner remedio promoviendo una cooperativa que genere empleo y atraque el desarraigo.

La carne de mínimos ambiciona una idea máxima: la Cooperativa de Pichón de Castilla y León, con un matadero recuperado en Manganeses de la Lampreana, a 46 kilómetros de Castroverde. Disparar, desde aquí, a los grandes restaurantes ejemplares de esta particularidad que alguna vez llenó los buches de los habitantes de Tierra de Campos, que, a lo mejor, porque representó la pobreza, prefieren otros manjares. Lejanos los tiempos del hambre, volver al pichón es —podría ser, nubarrón mental— traer de retorno ese asfixiante recuerdo. Lo que es excepcional para algunos resulta rutina, y castigo para otros.

Luis, en la planicie; Grillo, con actitud de saltamontes. Luis, la barbilla mineral, la voz grave, inmerso en el paisaje que replica su rostro. Se le resiste, cuenta, la cabra hispánica («no soy capaz de un plato óptimo»); prefiere, sobre todas las comidas, «la caldereta de lechazo». No pone bajo la mira de su escopeta la caza mayor: «¡Miedo a que me guste!».

En el sitio desde el que oteamos el futuro hay palomares con diferentes grados de conservación. Cuatro en condiciones y uno es una ruina ocre, con los interiores a la vista, el laberinto de adobe abierto por el vientre, atacado por las lluvias, derretido como un castillo en la arena tras el oleaje.

Se descubren las hornacinas en las que las palomas zuritas ponen los huevos —«cada puesta son dos huevos»— y hace rato que en mi cabeza flota una imagen lejana y fantasmal: la de una torre en el desierto de Palmira, en Siria, que acogía cientos de tumbas y que no sé si sigue en pie tras años de destrucción. Al entrar en aquellos habitáculos sin vida, las estelas funerarias con los rostros de los que fueron enterrados.

Palomares y tumbas y muerte. Es esa misma monumental soledad.

Cae el sol y las palomas bailan.

Este libro se terminó de imprimir, por encargo de Col&Col Ediciones, el 30 de septiembre de 2024. Ese mismo día de 2006, acaba el ornitólogo y poeta Ferrer Lerín su bestiario basado en una idea antigua de tesis sobre ornitología. *Abanto: Me regalan «El reino de los animales» (1953) y en la página 249 de su tercer tomo leo el pie de una fotografía que reza así: «Buitre común (a la izquierda) y buitre negro o abanto (a la derecha), en las montañas de Macedonia, miran con desconfianza. Acaban de descubrir un cadáver de asno, pero no se atreven todavía a acercarse a él».*